近代中日關係研究 第二輯 2

日本外交五十年

幣原喜重郎 編
陳鵬仁 譯

LITERARY TIMES
蘭臺出版社

序

我曾經長期從事外交工作，今日應《讀賣新聞》社之請求，將我在國內外各地服務時的經歷和所見所聞據實口述速記，並在該報連載。此次加上若干餘話，單獨印成一冊發行。這是沒有什麼特別的雜談。其表達之所以乾燥無味，是我這個口述的責任，但在這裡所說的都是事實，完全沒有假設或潤色，是憑我的記憶以求其正確。讀者諸賢如發現我的說話有錯誤，有幸請賜教，萬事拜託。舊同事武者小路公共君、石射猪太郎君，及其他諸君對於本書之編輯，曾給予很親切的建言和協助。特記之以表示謝意。

一九五一年三月二日

幣原喜里郎

目次

第一部　日本外交五十年

我對於朝鮮之回憶

日俄之酒戰

這是很久以前的事，那時我在朝鮮仁川領事館工作。仁川港有日本軍艦和俄國的軍艇。形勢極險惡，但尚未斷交，還沒有到炮火相見之地步。日本的艦長名叫藤井較一，後來晉升大將，做過令部長，他來對我說：「我想請俄國艦長吃中飯，我單獨一個人不大好，你也來好不好？」於是俄國艦長高高興興來了，現在不知情情況如何，我們在當時仁川唯一的大佛飯店用午餐。我們大喝伏特加等酒，喝得很不亦樂乎，午餐變成晚餐。俄國艦長情緒很好，並說：「看最近報紙報導，日俄關係好像很緊張，但那是政府與政府的外交工作，與我們無關。我們可以不管它，但如果不幸發生戰爭，我們是敵人。那時不管是哪一條軍艦，我一定向你進攻，好不好？」藤井艦長覺得「這個傢伙可取」，乃互相握手，拼命喝酒。他們兩個人都很能喝酒。我實在無法奉陪到底，遂說我要先走，於是三個人一道離開，前來領事館住了一個晚上。

俄國艦長的軍艦叫做瓦利亞克，為巡洋艦。預定隔天早晨五時出港。我用望遠眼鏡一看，到快四點鐘醉醺醺的艦長，竟站在橋上在那裡指揮。他真是很了不得的酒豪。此後日俄發生戰爭，俄國軍艦統統進入旅順，日本軍艦則予以封鎖。故有時候俄國軍艦成為艦隊意圖突圍。那個艦長乘其先鋒艦，好像知道藤井艦長長之軍艦，似以藤井個人為目標衝來。於是藤井艦長「要活抓他，因此拼命互相炮轟」這是藤井告訴我的。但彼此所乘軍艦都沒有擊沉，戰爭就結束了。

Telegragh和photogragh

這是我在仁川時候的一個笑話。在第一次世界大戰之前，前來日本的外國人都抱怨說，坐船上岸伊始，多會碰到警察很不禮貌的問話。這在仁川也有過同樣情形。一個外國婦女由仁川登陸要到漢城。日本警察問她：「你是誰，要到那裡去？」她回答說：「我先生在漢城，他來電報要我來漢城，所以我要到我先生那裡去。」「是嗎」，這樣沒事了。可是後來發生了極大的抱怨。

那位外國婦女是駐漢城的英國外交官夫人。他們抗議日本的警察沒有查問這種事的權利。於是把那個警察叫來問：「你為什麼盤問這樣的事？」警察不在乎地回答說：「那沒有什麼，那個女人是照像館的主婦。」又問她到漢城之後「有沒有談有關照像的事？」警察說沒有。這就怪了，於是作進一步的調查。結果是這樣的。外交官夫人說她先生來了電報（tele-graph）。警察把它誤解為照像片（photograph），所以認為她是照像館的老板娘，成為一場笑話。

俄國領事抗議

日俄戰爭是挾著朝鮮打的，在戰前的緊張空氣中，我被任命為日本釜山領事館的領事。日本俄國發出最後通牒是一九〇四年二月。日俄間之交涉經過，我們是不會接到通報的，但總覺得會爆發戰爭。

有一天，日本軍艦進來釜山。那條軍艦艦長是老熟人。他對我說：「不知道事件會如何發展，釜山與漢城之間的電線係屬於朝鮮政府，但這個電線不能交給朝鮮政府，所以一旦發生戰爭，我奉有占領這個電線的命令。」因為這與我的職務無關，因此我聽聽就算了。但這條軍艦卻突然離開釜山。旋即收到那位艦長的來信說：「我忽然接到出發之命令，前往朝鮮之西海。受你很多照顧。祝你健康。」祝我健康暫請不談，我關心的是他所說占領電線的問題。

那一天，我無意中從領事館二樓窗戶往港口看，看到俄國商船滿洲輸靠在那裡。從日本軍艦有七八名士兵乘小艇駛往滿州輪，並登上該輪。似乎準備捕獲該輪。我看到日本軍艦和滿洲輪一道出去了港外，而從視界消失了。

如所預期我正在想，戰爭是不是已經開始了的時候，俄國領事來了說是豈有此理，非常強硬的抗議信，這是不無道理的。由於俄國領事和我關係還算不錯，故我沒有用公文，而直接去找他，並說：

「我收到了你的信。如果照你所說，日本捕獲俄國船，說明已經進入戰爭的第一步。若是，兩國已經斷絕了邦交。交戰國彼此之間往還公文是沒有意義的。這份公文我不能接受」，並把書信還給他。俄國領事一直抱怨，但我不接受它也沒有辦法，因此只有作罷。

郵局的武勇傳

我雖然很神氣地回來了，但愈想愈不大對勁。因為這個俄國領事不會這樣就罷休。他一定會將此事向其政府或漢城之公使館打電報。仁川海面有俄國瓦利亞克、科列茲等警備艦艇。若是，他們將擊沉或捕獲日本船。所以不能認其打電報。絞盡腦汁思考結果雖然不是光明正大之事，我想出一個妙計。我把日本的警察叫來告訴他：「這是我不情之請，請你帶一把刀到朝鮮郵局去威脅他們，要他們不要認俄國領事館打電報。當然這是壞事，因此你或許會被免職。我自己或許也會被免職，但你的生活我一定盡全力給你保證。如果不能在警察機關服務，我一定替你找工作，請相信我，你可以毫無顧慮地盡情揮刀。」這個警察懂得我的意思，遂答應說「好，我來幹」，立刻前往郵局。

果然，俄國領事館的人帶去很長的電報到郵局櫃台。於是這個警察來勢凶凶地進來大聲怒說不許接這個電報。誰接辦我就砍誰，同時由刀鞘拔出刀身，所以朝鮮人的郵局工作人員都嚇得要死。此時這個警察搶走了寫著其電文的紙，並把它撕掉。即使是當時，這個做法還是亂來的，但這個警察凱旋回來。「對方來得剛剛好，一切很順利」，「是嗎？我要免你的職」，「我搞得實在太爽快了被免職了也無所謂。」

如此這般阻止了俄國的電報。但還是有可能會再去的。不能掉以輕心。壞事這個東西，譬如與說了一次謊言，便會再說假話一樣，便會再說假話一樣，我又想出另外一個主意。我覺得在郵局窗口爭輸贏，不如乾脆把電報線路切斷更徹底。於是我出動警察隊，出於切斷電線的手段。

動機暫且不談，這還是壞事（不正當的事），所以我沒有對外務省報告這件事。如果被追問，那就完蛋了，但終於沒有事，安全度過。不久我被調回外務省服務，這件事已失時效，但我很少給別人談這件事。

不過這件事還有一些後日譚。我在外務省時，有一個朝鮮人來看我。這個人竟是那時的郵政局局長。他說：「我因為看到你們警察的威脅，擱置俄國領事之電報的理由而被免職。所以我前來想拜託你幫我的忙。」我從口袋裡掏出大約能回到朝鮮的旅費全額交給他，並說以這些錢忍耐忍耐。因為我已經不在釜山，給我講這種事我也沒有辦法。用這些「錢回去朝鮮吧」，於是他也死心回去了，但我還是寢食難安。但對此事海軍的朋友非常高興。「那時我有占領電線的計劃，惟因忙亂，沒有來得及做。你把它切斷，幫國家很大，非常感謝」，這是海軍方面的感謝話。

撿到庫頁島的故事

有關訓令的巨頭會議

一九〇五年日俄戰爭結束，舞臺轉到朴茨茅斯媾和會議。外務大臣小村壽太郎氏，一邊與病痛搏鬥，作為日本的全權代表，負責與俄方談判，這是無人不知的。但其背後即政府內部，當時的情況是如何呢？它不但有各種各權的妙論，更有為世人所不曉得重要事件。

當時，我是外務省的電報課長。在基本上，我有長時間會坐在一個位置的習慣。我的電報課長的任期可能是最長。

當時對俄媾和談判達到緊鑼密鼓時，到底會決裂，還是會成立，成功與否的關鍵在賠款和割地這兩個問題上。所謂割地是庫頁島的割讓。對於這兩個問題，政府決定態度之後奏請御前會議，已到達準備給予小村全權代表以訓令的階段。

在召開御前會議之前一天晚上，記得是十一時左右，時間已經很晚了。那時樞密院議長伊藤博文公爵是主角，在今日美國大使館更過去之樞院議長官邸召開著巨頭會議。出席者為首相桂太郎氏、海軍大臣山本權兵衛氏、陸軍大臣寺內正毅氏、外務省次官代理大臣珍田捨己氏，記得是這些人。這是為研究隔日要向御前會議提出媾和方案的重要會議。

這是題外話，在這會議席上，只有伊藤氏的地方放著酒杯。年輕的女子從裡頭慢走出來給伊藤倒又進去。那時我年輕，不能熟視無睹。於是大膽開口向伊藤公爵說：

「您喝的是什麼東西？」

伊藤氏回答說：「嗯，我知道你想說什麼。我也很想請你們喝，但這是從中國買來的紹興酒，是埋在泥土裡頭幾十年的非常好的酒。我買到特別好的。但喝得所剩不多，故不能給你們喝。如果說其他的酒也可以，可以隨意要威士忌或日本酒。」根據伊藤氏的講法，喝紹興酒即使喝醉了，頭也絕對不會暈。

「因為今天是不可以頭暈的重要日子」，他這樣更加以說明。因此我也就沒有再問下去了。

逞強的山本權兵衛氏

伊藤公爵是常常說一些瞧不起人家的話，但那一天晚上他非常正經和認真。他望著大家說：

「今天我們必須決定重要的問題。外務省所接到電報的抄件應該都給了大家才對，總之賠款與割地的問題極為麻煩。因為這個問題日俄媾和會議至今談不攏。所以小村來電報請示是否應該繼續談判。今天晚上我們必須決定這個問題。我們應該怎麼辦？」

說是今天晚上要作出一個決定，但時間已經十一點鐘了。這個決定要提出明天的御前會議，必須經過山縣（有朋）公爵等元老之同意。事情非常急。對此山本權兵衛氏第一個發言「我認為，賠款的問題，可以放棄。我們不是為賺錢而打仗的。我們完全不要賠款。但土地方面現在日軍已經占領了整個庫頁島。如果俄國要求我們撤退，這是無視既成事實，所以我們要堅決主張割認庫頁島給日本，以貫徹我們的目的。」

其他的人沒有講話。以沉痛的面孔低頭。於是伊藤公爵對於山本氏反問說：

「根據你的說法，日本主張割地，如果俄國不接受，最後是繼續打仗，你有這樣的決心嗎？」

山本氏非常逞強。因為日本海軍在日本海之戰，消滅了俄國艦隊，所以再繼續打下去也沒有什麼關係。由於大藏大臣（財政部長）等不在場，故沒有人對於山本氏的說法表示不同的意見。

伊藤公爵思考片之後表示：「那我們就這樣決定吧」，同時對我說：「幣原，你照這個意思寫寫訓令。」寫了之後給他看。伊藤氏以很大聲音念「什麼什麼……」、「稍等一下」說著修改幾個字，隨即說問：「大家有沒有異議？」雖然沒有立刻說：「沒有異議沒有異議」，但大家總覺得「這是不得已」，而作成這樣決議。這是凌晨兩點多鐘的事。

消極的元老會議

訓令案寫好了。要把它提出御前會議，但必須送給主要的出席者，需要有四、五分抄件。所以我把它帶回外務省來處理。

那時候當然還沒有汽車。只有慢吞吞的洋車。在外務省分頭趕緊作抄件，又坐洋車趕到伊藤氏官邸。那時已經早晨五點鐘左右，東方天空都亮了。如果這樣就能夠恢復和平，雖然不是我幹的，覺得日本前途已出現曙光，所以高興得不得了。在官邸玄關我問：

「老板休息了沒有？」

「還沒有休息。請上來。」

我咯咯叩了門，他回答說：「奧伊。」進去一看，伊藤公爵帶著眼鏡，看著文件。呈上訓令案，他接說「啊，你辛苦了辛苦了。」當然我也開了夜車，伊藤氏好像也完全沒有睡覺，上午九時出席了御前會議。

御前會議，外務省由珍田次官出席。因為是大人物的元老會議，我當然不能插足。因昨天晚上在伊藤官邸所作決定，我以為會照原案通過，遂將文字變成密碼，只要一按電鈕，立刻能將電報發出去，完成了一切準備。可是到十時、十一時、十二時卻毫無消息。下午一點鐘左右，我給宮內省打電話問：

「情況如何？」

「還在協議」，所以我有一點擔心，覺得事情不是那麼單純。兩點多鐘，我看到珍田氏回來了。他要我到他的辦公室。一去，他從口袋裡掏出文件說：「叫人打這份電報。」

我覺得很奇怪，仔細一看，這不是昨天晚上我寫的案文。它說，賠款和割地兩項要求都要撤消。年輕的我生氣了。

「啊，這完全改變了？」

「是的，完全變了。」

「從日本不是不能繼續打仗的立場，為什麼要撤消要求？而且為什麼要取消昨天晚上在伊藤官邸所作的決定？」對於我的抗議，珍田氏沒有回答，只說：「趕快去打電報。」這是次官對電報課長的命令。他的意思是說，不要講道理，趕緊去完成任務。平常很溫和的珍田氏，這是意外的高壓態度。這是我的想像：珍田氏對於這個訓令的決定似乎不以為然。我在珍田氏手下工作多年，這樣訓我還是第一次。所以有時候我想起當時之珍田氏的面孔。

英國大使的電話

我回到自己辦公室，將珍田氏所命令的電報變成密碼，給小村氏發出去了。旋即通商局長的石井（菊次郎）隨心所欲前來。我問：「有何貴幹？」他憤憤不平地說：「英國大使，實在豈有此理。來電話要我去他們的大使館。真是，我不去。」那時的英國大使叫做麥唐納，一九〇〇年義和團事件時，與石井等人一道堅守北京城，他是預備上校，他的資格是北京外交團防衛團團長。因此不管是大使館館員還是公使館館員，都被當作部下，喚來喚去。換句話說，其他的人，都被他當作士兵看待。此大使來日本以後，那一種作風仍然改不過來，一有事叫要叫人家過去，因此石井的氣憤難平。

「有沒有問他什事？」

「沒有，反正沒有什麼正經事。」

「也許他身體不舒服，不能到外務省來。如果是這樣，這不是對方沒有禮貌。你也不必那麼生氣。」

「總是沒有什麼了不起事。」說罷，石井回到他的辦公室。一會見，他帶著帽子，準備出去而又來到我的辦公室。他說：

「給他這種習慣不好，我想告訴他，因在這附近有事，就順便來了大使館。」

伊藤公爵：伊藤博文公爵，明治維新革命之功勞者，明治憲法之製訂者，明治以後第一位內閣總理大臣，也是第一位樞密議院議長，當時日本政界最高權威的元老之一。

桂總理大臣：日俄戰爭當時之首相，陸軍大將桂太郎，曾任內大臣，公爵。

寺內陸軍大臣：太平洋戰爭當時之元帥寺內壽一伯爵之父親，名正毅，僅於山縣有朋之陸軍長州（山口縣）閥之中心人物。日後出任首相。

山本海軍大臣：海軍大將山本權兵衛，對於長州閥之陸軍，為代表海軍薩摩（鹿兒島）閥之勢力，後來出任首相。

小村全權代表：侯爵小村壽太郎，小村欣一之父親，當時之外務大臣，但病弱。

珍田外務次官：名叫舍身，子爵，後來曾出任駐英、駐美大使。

重要消息

大約經過三、四十分鐘以後，石井驚慌失措地趕回來。他突然跑進我辦公室，大叫說：「趕快，趕快！大家集合！」

山座政務局長等，大家都集合於次官室。石井帶回來了這樣的情報：

「駐彼得堡（當時之俄國首都）之英國大使晉見查（俄帝）。」他將晉見情形電報倫敦英國外交部，同時也電報東京之英國大使館。根據它，查就日俄問題氣勢洶洶地對英國大使說：

「日本實在很可惡。在這次媾和談判，日本把俄國當作戰敗國。但我們並沒有戰敗。總司令李聶威吉來電報報告說已經完全準備好了，希望戰到底，請示可以不可以，我予以批准了。日本把俄國當作有如戰敗國，要整個庫頁島，真是夠可惡，非常生氣，然後下口氣，原來庫頁島是在千島庫頁島交換條約，和日本交換的，在這以前，日本的軍隊在庫頁島駐屯過。因這一次，由於日本曾出兵庫頁島南部，並有占領過它的事實，所以如果不是新要求，而是希望把日本以前失去的土地還給日本，如果是其南部一半，不一定沒有考慮的餘地，如果要全部，那就免談。」以上是俄帝的話。

這是電報的要旨。

麥唐納將這電報念兩次給石井聽，並說：

「我本來想這分電報的抄件送給你，因沒有倫敦政府的許可，所以不能給你。惟因與盟邦之友人的你的交情，我念給你聽。希望你好好把它記住。」

石井以「這是大事」，遂立刻離開英國大使館，趕緊回到外務省。向大家這樣報告之後，石井大聲喊叫：

「南部一半有救了！有救了！」

小村全權代表裝肚子痛

聽完這番話，我直覺將取消先前發給小村的電報，並將拍出要求南庫頁島的新訓令。但政府的意見並未決定。即使決定了，其手續還需要一些時間。如果小村以先前之訓令，表示要放棄我方之要求，那就無法挽回了。因此我準備萬一時被免職也無所謂，乃獨斷對小村發出如下內容的電報：「前面電報之執行，請延期至下一分電報之到達。」

後來聽說，小村氏接到前面訓令，準備出席會議之前接到我打的電報。此時他還說：「講這種話來，到底要怎麼辦，沒有辦法只有等吧」，小村於是裝肚子突然痛起來，製造一些口實，向俄方提出延期會議。

日本政府決定出要南庫頁島的要求，惟因推翻御前會議之決定，很麻煩。於是動員外務省之幹部，你到井上（馨）氏處，他前往某某元老家，分頭坐車去作說明。結果所有的元老都很積極，認為大家應該共同奮鬥，意見一致。於是桂首相遂進宮，奏請變更訓令，承蒙敕裁，正式另行拍發要庫頁島的訓令，所以我也就沒有被免職。

接獲新訓令的小村氏，據說以「對方會不會接受這樣的要求？一項讓步可能引起其他讓步，真好是難」，而無精打采。正式開始談判，提出我方要求時，俄方的威特，立刻答應，並喜色滿面地說：

「再議論下去也無濟於事，好吧，我們把庫頁島的南方一判割讓給你們。」

事情談妥散會，威特回到旅館，許多新聞記者等著他：

「結果如何了？」記者們擠來擠去。威特拳著手回答說：

「巴·張·數。」所謂巴·張·數，在法文是一分錢也不必付的意思。當時威特是財政部長，是個和平主義者，但對於金錢非常計較。因此很滿意日本沒有提出賠款問題，所以可能認為庫頁島是小事。

至此，日俄的媾和談判告一個段落，但不干休的是日本輿論。

石井通商局長：名為菊次郎。曾任外務次官，駐法、駐美大使，第二次大隈內閣之外務大臣。一九二七年日內瓦裁軍會議全權委員，一九二九年樞密院顧問官，以石井、藍辛協定馳名。一九四〇年去世。

新橋車站之感動

小村氏以全權代表出發時，歡送者人山人海，大家歡呼「萬歲，萬歲。」此時小村氏對於站他旁邊的我說：

「我回來時，這些人都會變成暴徒。對我泥土，用手槍狙擊，是要我命的群眾。所以乘這個出發的時候，接受這些萬歲。」

因此，小村氏自開始就預知將帶回不受歡迎的和平。

回國時，果然如其所料。我前往橫濱去接他，船抵達海面時，驅逐艦便在船舷側，不許舢等接近。所簽條約的原件，以另外一艘驅逐艦提前運回來，運到芝浦，然後移交到築地的水交社。這是為避免條約文被群眾搶走所採取的措施，人心之險惡，使海軍軍人不得不作這樣費盡心思的安排。

小村氏回國那一天，令我感覺幾乎要流下眼淚的是，前來迎接的桂氏和山本（权）氏，悄悄地進入火車，對他耳語的場面。出來時，以小村氏為中門，三個人緊緊挽臂下車因為警視廳報告說，小村氏回來時，有要以手槍阻擊的計畫如果這樣，一蓮托生，一起死，桂和山本二人作擋箭牌一道出來。這樣就無法只暗殺小村氏一個人。因此我深感當時之元老大官真是偉大。

獨夫小村

由於我是電報課長，所以為電報事常到大臣辦公室。回來兩三天後的小村氏對我說：

「這一次我要到北京。」

但他在美國，生了一場大病，臉色蒼白。他只有一件浴衣。看他穿浴衣胸前開時，能看得很清楚骨頭，瘦得完全沒有人樣。肺又不好，而且有點發燒，因此我說：

「身體不好，為什麼還要到北京？」

「不，我一定要去。我已得到敕許（天皇許可）。」

真是獨夫政治家。

朴茨矛斯條約之旅順的租借權，中東鐵路問題等，在在都以獲得中國之同意為條件，才能移轉給日本。但要徵得中國之同意，不是那麼容易的，因此小村氏說：

「這是我的責任，所以我要去。健康不是問題。」

我因為非常擔心他的健康，故特地去拜訪並問專門為小村氏看病之醫生青山胤通博士的意見。青山博士說：

「這個人，自己作了決定以後，是不會聽別人意見。只有盡量給他治療，叫他能早點回來。」我本來的意思是希望青山博士勸他不要去，因未能達到目的，故我拜託他：

「請你指定一位高徒陪同去。」

他答應，並請駒込醫院院長宮本叔氏隨行。

於是我對小村氏建議：

「您身體欠佳，最好帶一個大夫去。」

「不必。」

他嚴正婉拒。真是糟糕。萬一在中途病倒將不得了。於是與秘書吉田君商量，決定不告訴小村氏，令宮本君先上船，使其在船裡「暗中照顧」。開船之後經過片刻，這個醫院院長悠哉悠哉地上了甲板，對著小村氏說：

「啊，您好。」

據稱，此時小村氏笑說：

「啊哈哈，這些傢伙搞了圈套，我上當了。」總之醫生一道去還是一件好事，一行之中有人生病，小村氏也無恙回來。桂肉閣提出辭職，小村氏之辭去外務大臣是在此次回國船中之事。

不管火攻

因卸下重擔，小村氏暫時前往葉山靜養，然後回到宮崎縣飫肥故鄉。

在東京，發生日比谷火攻等大暴亂，正如小村氏說：「回國時將成為暴民」，其情況真非常恐怖。外務省也被群眾包圍，一看，在鐵門前警察和群眾在那裡扭打，有人倒下來，在大喊：「好痛，給我水喝。」悄悄開門把那個受傷者拉進來，我看護他一個晚上。

在東京自然發生過這樣大的擾亂，但在小村氏家鄉不但完全沒有此種情形，到處村落都擺小桌子，倒有酒，以歡迎小村氏。有一個老先生來到小村氏面前說：

「據說在東京，因不滿您所簽訂的條約而在大鬧特鬧，但這些鬧事的人不是把兒子送往戰場的人。我有三個兒子，其中兩個在滿洲陣亡，剩下的一個現今還在戰地。我以為我的三個子都會犧牲，托您福，現在有一個應該能回來了。我要感謝您。」說罷，抓住小村氏之西裝，流著眼淚。小村氏遇到上此種情形兩三次，因而令他非常感動。

小村氏本來是蠻喜歡喝酒的，而我從在仁川領事館服務時候也相當能喝酒。想起飲酒中入歌仙之「李白一斗詩百篇」，有的人真的是很能喝酒。不像現在，當時要買酒是很不容易的。幸好我與商船公司之支店長交情不錯，該支店長會帶來「灘」品牌的好酒給我。裝飾我這個外交官補（準外交官）之官舍的只有酒桶。把官舍之門關起來，與這位支店長相對而坐，自己斟酒，喝到早上，一個晚上，兩個人喝過半斗酒。

仁川有日本的小炮艦。我和這個艦長也不錯。他說平壤附近有出產無烟煤的地方，他要去考察，問我想不想跟他去，因此我搭便「艦」一起去。由之我也稍懂得軍艦的運作。我與艦長同一個房間，半夜，海兵會來問艦長要不要改變航向等等，事事要來請示，因而每次都會醒過來，真是吃不消。我們在平壤登陸，天氣很熱，我們走跟到了平壤。這裡有地方官，叫做監察使。不記得是李尹用，還是李完用，總是一個大人物。與對方敲定時間，我和艦長兩個人去訪問了他。艦長表示他說平壤有官姑的學校，美人集中在此。我遂對監察使表示：

「我第一次到貴地，平壤像日本京都一樣，山水明媚，非常好的地方。據說有許多美人，我們因為很趕的旅程，看不到就要回去了。」

於是監察使便說：「現在來讓你們看好了。」艦長大拍其手，興高采烈。

黃昏時刻，官姑和樂人前來，彈樂器，揮舞劍，監察使要她們作各種表演。當天晚上我們沒有晚餐的約會，但這個聚會變成宴會和餐會。艦長醉得很高興的樣子。他耳語我說，回到住處之後來個二次會。可是告別之後一出門口，卻有大約一排的士兵前來警衛。告訴他們不必送，但還是跟著來。來了總得給他們喝酒。先生，我們的預定完了，在住處的二次會的酒如此這般流失了。

日比谷火攻事件

日俄媾條約的結果，完全不符合國民之期待。因為未能獲得整個庫頁島。以其為屈辱外交之河野廠中等的媾和問題同志會，於一九〇五年九月五日，在日比谷公園舉行反對媾和條約之國民大會，與命令群眾和解散的警察發生重大衝突。完全變成暴徒的群眾，遭受火攻燒打之東京市內警察、派出所二百十九，群眾死亡十九人，為空前的大騷亂，隔（六）日實施戒嚴令，出動軍隊才鎮靜才來。

美國的排日問題

原、莫理斯會談

現在，我來談談美國的排日問題。我出任駐美大使，到達華盛頓是大約三十年前，一九一九年十一月左右。當時在加州，發生排日土地法問題，該項運動，日趨激烈，勢將進入州民的公民投票。

日本政府準備特派著名人物到美國，與我擔任對美國的交涉。我接到這個消息之後認為，這個有複雜的經緯的問題，要與對它毫無預備知識的巨頭共同交涉，不可能獲得圓滿的結果，故我無法接受這樣的工作。於是對國內脉，把我調回去，另行派遣高明。東京考慮之後，這個構想終於雲消霧散。

當時的美國國務卿是柯爾比。我去見他，並建議說，前駐日大使羅蘭特。莫理斯氏很熟悉日本的情形，我希望和他自由討論日本移民問題。聽我這樣說，柯爾比氏非常高興，並表示這樣太好了。因此我提議：

「這個會談不拘束兩國政策。莫理斯不必一一得您同意可以與我會談。我也不向日本政府賕同意。希望作到真正自由討論。」柯爾比氏說沒有問題，故所謂莫理斯．幣原會談遂於一九二〇年九月十五日開始，一星期舉行一次。

這個會談將各自的議論記錄下來，續到隔年的一月二十四日。會談二十多次，從各種角度討了移民問題。

這個記錄，成為一本文件，應該還在外務省。我擔任外務大臣時，松岡（洋右）君在國會論日美問題，拚命攻擊我們。但他事後到我的辦公室來，表示他沒有惡意，自我辯解。但不久，我出席預算小組會時，他手拿莫理斯、幣原會議記錄說了如下的客氣話：

「我從來沒有看過，把這樣多的事實，以這樣的說法做成的文獻。它對於排日問題的真相，調查得清清楚楚。」其實這是當時之大使館一等書記官（一等秘書）廣元田（弘毅）君，細密調查這個問題，詳細列出數字給我，我只是根據這些調查文件會談而已。

善意的請客

關於莫理斯，有這樣的故事。他做為大使前來日本，對於日本有非常的好感。

日美兩國出兵西伯利亞時，他說有與美國人的問題需要交涉，而去了海參崴。回來之後他這樣抱怨說。

「我們美國人彼此之間來談，站著談幾分鐘就能決定可以不可以的事，在俄國我為其交涉之曲折我整整花了一個月的時間。這是俄國人的特性。毫無道理。他們會拼命說美國人無法理解的歪理。」

據說莫理斯氏是賓州名門的出身，有錢人家。佐分利君在華盛頓時，旅行賓城時訪問過他家。莫理斯夫妻非常高興地歡迎了他。那時剛剛是中午前後，遂要他一起吃午餐。莫理斯氏在生活很儉僕，午飯只是兩三道菜，我聽他這樣說，認為與美國人交朋友，這才是真正的好意。

在日本，即使請中飯，通常要先來湯。其次是魚。下來為雞肉。也有沙拉，菜色好多。但在莫理斯家，開開日本的罐頭，主客一起吃，這才是道地的善意請客。

日本請客時，對於外國人，即使是日本人自己，也要端出山珍海味，惟恐人家說他小氣。因上宴會邀都這樣嫌「招待粗餐」、「一獻粗酒」等等。但美國人是不會嫌粗餐、粗酒的。它會說「給予和我用餐的榮幸」。喝酒、吃飯不是招待的目的。目的是很愉快地一起過幾個小時。所以莫理斯家以很簡單的招待客人，一點也不稀奇。

布來安雄辯的失敗

美國之排日，是在西部特別是加州排斥日本移民開始的，一九一三年加州議會通過土地法。它的內容是，對於從前日本人土地所有權者，要以這個法律取消其土地所有權。只准許五年的措地權。條文沒有說「日本人」，而是說「沒有歸化權者」，至於沒有歸化權者之中，日本人最多。（所謂歸化權是永久居留權的意思——譯者）因此日本的移民非常困難。

對於這則法律，日本政府向美國聯邦政府一再抗議，但美國政府卻說它不能干涉州政府內政，故束手無策。

這是我擔任大使館參事，第一次到華盛頓的時候。珍田氏大使，國務卿是布來安。加州土地法案快要成立時，布來安以為要說服加州不是那麼困難，而前往加州。自來雄辯家似乎都有這樣的自信，他以其一流雄辯意圖說服加州人，但毫無效果。土地法通過了。因此那麼有自信的雄辯家布來安只有死心。

可是去看看加州的情形，在州議會那麼極力主張排日的議員，回去途中到從事農地勞動的日本家辯解說：

「我剛才在議會攻擊你們，不是怨恨你們。這是我們的政治運動，請不要介意。你們不要煽動在我農地工作的日本人罷工，不要放棄耕作土地。」

布來安雖然大事展開其雄辯，排日土地法，在加州議會還是通過了。

爾後，在第一次世界大戰，日本和美國站在同一戰線，日美之關系非常和好。一九一六年，石井（菊次郎）子爵以視善使節身份前往美國，簽署了石井、藍辛協定，日美間的氛圍極為良好。此時在舊金山之大田（為吉）總領事，為了推翻一九一三年的土地法，要讓日本人也擁有土地所有權而積極從事各種運動。

及至一九一八年十一月十一日，恢復了和平。戰爭結束之後，加州突然又發生排日運動。那是欲禁止從前只給日本人五年的借地權的運動。要州長召開臨時議會，意圖一下子通過這個法案，但州長拒絕招集臨時議會。排日者眼看州長不理睬。乃意圖於隔（一九二〇）年總統選舉時以公民投票來解決。所謂公民投票是，由公民提案舉行一般投票的意思，排日派之氣勢，相當高漲。

條約優先於州法

加州之排日運動日趨激烈，公民投票如果成立，排日之範圍必將擴大，故在日本也會引起很大風波。

於是我提議莫理斯、幣原會談。我準備以它為基礎來簽訂一個條約，以矯正加州之立法。美國的憲法規定，條約優於一切州法。我得出這樣的結論：加州之排日問題，只有以條約來對抗之一途。因此這個會談結束之後，我就開始草擬一個條約案。這是準備追加於一九一一年之日美通商航海條約的。

我拿這個案文到柯爾比國務卿那裡去欲與其會談，此時柯爾比氏已經毫無辦法。因為在去年十一月的大選，哈定氏當選總統，今年四月將成立哈定內閣。到時國務卿必須走路。現在不方便談這個問題而作罷。內閣更換，休斯出任國務卿，將召開華盛頓會議，所以休斯國務卿和我都為這個會議忙碌，沒有討排日立法問題的餘地。莫理斯氏非常在乎會談沒有結果。現在莫理斯氏也不在人間了。

莫理斯、幣原會談成為純粹的會談，與莫理斯一樣，我也覺得非常可惜，因它發生於日美兩國之人心不安定時，在東京，便以幣原和莫理斯正在華盛頓舉行會談，故不要吵鬧以緩和國內空氣，在華盛頓也這樣做，分別緩和了其國內的氛圍，扮演了一時的角色。但在會談中，於一九二〇年十一月總統大選中的公民投票，加州之土地法修改獲得通過，連五年的借地也沒有了。

看像片結婚之副產物

加州排日的一個理由是，日本人之看像片結婚。其緣由來自一九〇八年日美間之紳士協約。所謂紳士協約是，日本自動聲明不送移民去美國。這沒有正式條約上之拘束力，只是紳士之間的約定，所以叫做紳士協定。它聲明說，日本不送移民。但在美國之日本人的妻兒和父母是例外。看像片結婚由此產生。這是在美國男子，要由日本娶太太，互相交換像片，看像片之後彼此中意就辦理結婚手續，以其為正式妻室，迎接到美國來。比所謂相親結婚更簡單，當時非常風行。

像片新娘到達舊金山港口之光景，極為壯觀，新娘多時竟達一次二百人，三百人。她們暫時收容於天使島的移民收容所，經過移民官調查、詢問之後交給其丈夫。在戶口上雖然是正式的夫妻，但卻是所謂「生疏人」，因彼此沒有真正見過面，故不知道誰是自己的丈夫。因而也弄錯過做一夜夫妻的悲喜劇。這樣奇怪的結婚，被以戀愛結婚為正軌的人們所厭惡是理所當然的，而這也給加州排日論者的口實，雖然禁止移民，卻以像片結婚，日本新娘源源而來。她們大生小孩，日本二世也隨之增加。二世具有美國公民權，加州之土地為日本人所占。因此認為必須嚴格修改土地法，這又激烈化排日運動。

以前的直截了當地取消土地所權，這一次的修改又要取消借地權，這樣一來日本人就很難生存了。因此日本政府從一九二〇年一月開始禁止像片結婚，但這樣還是緩和不了加州之排日土地法，且如前面所謂，以公民投票把土地法修改得更加嚴格。

可是從現在想起來，那個時代日僑所生的日本人二世，在第二次世界大戰，卻有過非凡的表現。在義大利方面的戰鬥，美軍認為難關的地方，卻由只以日本人二世組織的四四二部隊去承擔，立刻把它攻克。從此以後，他們覺得日本人很了不起，今日美國人之尊敬日本人，這是其中原因之一。其所以如此，是因為當時像片結婚之許多新娘之功勞，天下事真之是非，真是很難一概而論。

經過大約十年以後，我擔任外務大臣時，由於它是九一八事變之前，應該是一九三一年的事情，兩三個美國朋友給我寫了信。他們認為，美國的排日立法已經到達了改廢的時期。輿論在往這方面發展，所以下一屆國會可能會提這個問題。我覺得這樣很好。可是不久發生了柳條湖事件，對日本的風評又趨惡化，因此廢除排日法案之提議也就隨之泡湯。

二次大戰以後，在我擔任總理大臣的時代，來了好幾位基督教牧師。這是戰後第一批從美國來的，他們對我說，在戰爭之前，廢除對於日本人差別待遇的法案，在實際上向國會提出的時期已經成熟，實在太可惜了。這使我想起從前英國駐美國大使布萊斯對我說過的話。

他說：

「美國人對於外國有過不義的行為。但美國人會自動去改正。多年來的歷史證明了這一點。」

對於布萊斯所說的話，傳教士訪問團的人惋惜說：

「布萊斯真是了不起。布萊斯說得對。事實上美國急性地處理問題之後有時候會後悔。其時期成熟是一九三一年。此時日本在東北發動事變，甚至有進展到華北的形勢，於是日本的風評欠佳，因而事情破局。」

戰爭中，加州有許多日本人，都是土生土長，以為可能發生事情，暫時將日本人移往美國中部或東部，戰爭結束之後，令這些人自由回到原來的土地和房屋，給予非常好的待遇。現在，不但是要不要准許日本人擁有土地的問題，甚至要給予日本人歸化權的機運都逐漸成熟了。

多年的回饋工作

現在把話說回來，我從美國回日本雖然還有大使的頭銜，但身分是所謂「無任所大使」，沒有什麼特別事可做。那時的外務大臣是松井（慶四郎）君，他來電話要我去一下。他說：

「這話很不好講，無任所大臣之經費不夠。你可以不可以辭掉？」

我說：「這太簡單了。我很願意辭職。我來寫辭呈。」

他說：「我免你的本職，但請能把移民問題弄好。」

那時埴原（正直）君是駐華盛頓的大使，一九二四年發生了禁止移民入國的問題。這成為很奇妙的開端。就是要我作最後的處理。

我接受了這項任務，著手以英文起草對美國的抗議文。重新閱讀，我覺得這是相當徹底的文章。松井君在內閣會議原文照讀，「並說這是拜託幣原寫的，這樣就行吧」，希望在內閣會議通過。

英國人普萊斯

上一次我談過英國人詹姆斯．普萊斯的事，關於普萊斯有各種各樣的逸事。我在華盛頓大使館擔任參事時，一九一二年巴拿馬運河開始啟用了。此時發生了這個運河的通航稅問題。它是免除美國船的通航稅，對於外國船隻要課相當重的稅。如果這樣，英國船等就不可能與美國船競爭了，幾乎將由美國所獨占。以這樣做不應該，乃以禁止英美船舶之間的差別待遇這個所謂赫斯・本斯佛特條約為基礎，英國對美國提出抗議。那時，普萊斯是英國駐美大使在華盛頓。他採取一切手段，再次訪問美國國務院和美國總統，意圖抗議到底。

某一個星期日，我散步經過英國大使館前面，我沒有事先預約，也沒有意思會見任何人而進去。結果看見大使夫人從走廊那一邊說：

「大使剛剛在書房，請進來吧。」

我說：

「今天我和大使沒有預約，不好意思打擾他。」

她說：

「沒有關係，請請。」

因而我進去了。

在其前一天，普萊斯雖然那麼努力，美國參議院還是通過了巴拿馬運河通航稅的法律案，英國之抗議終於失敗。因其為此事的隔天，我以為他會很懊惱，於是我故意提到這個問題：

「你那麼大力抗議，它還是參議院通過了。」

他卻說：

「是通過了。」他似乎毫不在意。

我問他：

「您準備怎麼做，要繼續抗議嗎？」

他回答說：

「不，我不再作任何抗議了。」

因他回答得太乾脆了，我很難理解，於是又問他：

「您既然以違反條約的理由抗議，應該不能就此罷休才對。英國的輿論一定會愈來愈激烈……。」

普萊斯昂然回答說：

「不，英國無論如何都不要和美國戰爭的國是。現在如果再抗議下去，結果會怎麼樣演變呢？最後只有戰爭。沒有戰爭的決心，只是嘴巴繼續抗議，這有什麼用呢？最後我們只有丟臉落幕。所以我要放棄不再以抗議這種有害無益的交涉。我們不要拘泥於區區之面和一部分之利益而忘掉大局的見地。」

然後普萊斯改變了話題問我：

「您們的移民問題，對加州之排日問題的抗議怎麼樣了？」

我回答說：

「我們的輿論是很麻煩，不能撤回。所以只有繼續抗議下去。」

普萊斯說：

「您準備和美國戰爭嗎？如果有這樣的決心，那是很大的錯誤。只以這樣問題就要和美國戰爭，這不是有關日本之存亡興廢的問題。如果是我，我是會死心的。」

他同時又說：

「觀察美國歷史，她對外國犯過相當不義的行為。但這種不義，不是因為外國抗議或請求，而是由於美國人自己主動予以矯正。這是美國歷史所證明的。我們應該默默地等待著。我要忠告您們，對於加州的問題您們應該採取與我同樣的立場。」

我拜聽了他的高見以後，覺得也可以有這樣的意見。

我與普萊斯的此次會議，是一九一二年或是十三年，十四年發生了第一次世界大戰。隔年，美國廢除了巴拿馬運河的差別通航稅。如普萊斯所預測，以後英國雖然沒有任何要求，美國卻自動反省自己的過失。所以我很佩服普萊斯氏的先見之明。

國家之命運

大約經過七年以後，記得是一九一九年，我出任大使又到華盛頓。有一點事去會見國務卿。我早到了四、五分鐘。我便進去等待室獨坐瞑想。此時從後面好像有人來，我以為其他的客人，所以連看也沒看。可是這個人卻用力壓了我的肩膀。一看，竟是普萊斯氏。

我們緊緊握手，暢敘久別。據稱他是應邀前來美國演講的。因已經演講過，故到華盛頓看朋友。我想起前年的事乃向他：

「以前巴拿馬運河之通航稅問題，我請問了您的意見，爾後不到兩年，廢除了差別通航稅，對於英國的部份您的預言實現了，真是可賀。」然後我半開玩笑說：

「但關於日本的問題，完全沒有言中。」

對此普萊斯瞪著我正經地說：

「您不承認國家之命運是永遠的嗎？從國家之長遠的生命來看，五年或十年根本不是問題。急功繼續紛爭，最後會進退維谷。我們應該以稍微長遠的眼光來看國運之前途，請您千萬不要忘記大局的見地。」

我的心情好像在聽祖父的訓話。因此我說：

「您的高見，是非常有意思的忠告，我會時時銘記在心。」

他聽完了之後非常高興。現在極為想念不在人間的普萊斯。

普萊斯以駐美大使為最後，結束了他多年的公務員，在英國去世。那是華盛頓會議之時，女性聚首談了對他的回憶。有美國新聞記者對於普萊斯氏束手無策的插曲。說是新聞記者跟普萊斯氏走時，會被考考其學力。

常常走過鄉下村莊時，他會問記者：「在這個村莊曾經發生過什麼事，在南北戰爭時，發生過什麼事，你知道嗎？」雖然是自己國家的事，但不能什麼都知道。這位老先生真是很難。

他來過日本一次。考察日本以後很想寫書。他旅行了各地，想把所見所聞寫成專書。一九一三年左右，他對我說想來日本考察自治制度。他說最近要到日本來，因此我給他寫了穗積陳重先生等幾個人的介紹信。同時也提醒外務省，這個人的考察，對於日本一定有幫助，賦滿足他的考察。可是當他到橫濱時，新聞記者去往訪問他說：

「據說您要日本的事，究竟要寫些什麼呢？」

這個新聞記者應該沒有什麼惡意才對，但可能因為所說英語不夠文雅刺激了普萊斯氏的神經，因此他憤然回答說：「寫書不是我的工作。」所以他考察了日本，卻沒有寫過日本的事。如果沒有發生過這樣不愉快的事，普萊斯氏一定會寫成極有水準和內容的著作，實在非常可惜。

華盛頓會議

美英極秘密的交涉

因美國之邀請，在華盛頓召開會議，是在一九二一年。日本的全權代表是海軍大臣加藤友三郎、貴族院議長德川家達，以及駐美大使在華盛頓的我個人。這個會議是，前兩年所舉行媾和會議以來規模最大的列國會議。

我因為在華盛頓，所以知道邀請開會的來龍去脈。英國的愛特華．格雷爵士（後來授子爵），多年擔任外務大臣，在日本也很馳名，他以特派大使身分來到華盛頓。為何事之大使，起初我也不清楚。我從前在倫敦時就認識他，因此我前往英國大使館去看他。他一見到我就說：「今天太爽快了，實在很愉快。」我問他為什麼？他回答說今日在華盛頓看到銀杏樹葉。銀杏在英語叫做ginko，是世界上現有樹木中最古老的一種，在歐洲已經絕種，據說現在只有中國和日本才有。因此他以為這一生可能看不到銀杏樹，結果在散步華盛頓市內，走過農務部前面時，馬路樹的葉子掉在地上。把它撿起來一看，竟是銀杏的葉子。「現在我完成了我的願望，請您稍微等一下」，說罷，他專程去他房間把它拿來給我看。對我說，這一點也不稀奇，但他覺得非常稀奇，說著銀杏的事。

但格雷氏專程來到華盛頓，其實是為了商量英國和美國有關大戰後之課題的裁軍問題。惟因總統威爾遜生病，故不與任何人見面。沒有辦法，便與參眾兩院的主要議員會面，以試探關於裁軍問題的意見。我認為這是格雷來美國的主要任務。

可是格雷在美國幾個月，威爾遜的病並沒有好起來，而且格雷又不能在美國一直下去，回國之前，他來日本大使館看我。他眼睛不好，故外出時都帶著人，但那一天他一個人來。我問他為什麼自己一個來，他說眼睛不好是因牙齒不好所致。來華盛頓之後，請一位好的牙醫給他拔掉一、二支牙齒以後，能夠自由走路，因此他一個人來。

休斯說了坦白話

隔年一九二一年三月，哈定氏就任總統，休斯出任國務卿。那時我有各種事情，因此一星期之內總要訪問休斯氏幾次。有一天辦完事準備離開的時候，休斯對我說：

「美國政府要召開裁軍會議，擬邀請日本、英國、法國和義大利參加，以交換意見。

如果對於上述各國然正式發出邀請書，萬一有的國家不參加的話，美國將非常沒有面子，因此目前不正式提議，想非正式地試探各國政府的態度。所以只起草了對於美國駐有關各國之大使這樣主旨之訓令。我還沒有告訴任何有關的代表。我將令駐東京美國大使向日本政府提出，現只告訴您，您能絕對保密。」

於是我問他：

「這也包括陸軍的裁軍問題嗎？」

他回答說：

「是，是包括。」

這使我想起，美國的會計制度是從七月到隔年的六月左右，國會議決海軍預算時，議員會抱怨每年要增加海軍預算。因此通過此項預算時，會附帶決議應召開美、英、日三國的裁軍會議。

由之在美國政界產生了這樣的議論。即認為，招集國際會議是一種外交作為，其發案權系屬於總統。國會主動發案權通過本案要求政府，侵犯總統職權，顯而易見，這是一種違憲的行為。

可我從休期氏聽到這個極機密話的隔天，記得是星期日，休斯氏來電話說：

「昨天給您所談有關裁軍會議，在試探各國政府意向之前，請您保密一事，現在要予以取消。因此事已經稍稍洩密於社會，故決定公開邀請。因此對於任何講都沒有關係。另外要說的是，這次會議，決定也要討論遠東和太平洋問題，您知道這些事就是了。」

我很簡單地對他回答說「我明白了」，並掛斷電話。

日英同盟發生問題

國務卿休斯氏的電話說，不僅裁軍問題，遠東和太平洋問題也將成為議題。關於此事，實在有巒複雜的前因後果。此時日英同盟已經到了有效期間。要不要繼續，既然是英國的外交問題，同時也是重要的國內問題。根據報紙的報導，澳洲和紐西蘭支持繼續日英同盟，剛剛此時，英國召集了國會，海外自治領的首相聚集在倫敦，討論這個問題，但始終得不出結論。等到自治領首相回國之後，英國首相通知美國，擬訪問美國，與日美之代表見面，商量日英同盟應該如何處理的問題。

休斯氏跟我談裁軍會議事是星期六，隔天，說要提出遠東問題和太平洋問題作為議題，乃由於這種原因。他們超越在美國國內議論紛紛之憲法論＝總統權限論，以國會之裁軍會議的決議為美英日三國之會商，這是總統自己的立場，召開加上法國、義大利之五國會議，而為協議遠東和太平洋問題，要舉行九國會議，因此憲法論遂雲消霧散。

關於日英同盟之處理，英國提議由日英美三國表一起討論，但美國政府不喜歡介入日英間的問題。英國的希望是，日英美的會合，最好在不會有人來的地方，非正式和秘密地舉行。但休斯氏說，美國沒有這樣的地方，而且愈秘密，新聞記者愈要追踪。因此不可能召開秘密會議。何況英國殖民地的首相都來，美國國務卿也出席的會議，不管到哪裡去開，都會被新聞記者找到。所以這種事毫無意義的，也就是辦不到的。

據說，關於這三個會議，在倫敦的林權助大使已經與英國外務省談妥要以我為日本的代表。我與休斯氏會談時我表示，關於日英同盟的繼續問題，我完全不知道日本政府的態度究竟如何。我是不能參加這種會議的。如果日本接受英國的提議，我相信日本政府可能派遣特別的人。對此休斯氏表示，「那是應該的。英國的提案的確毫無意義」，不肯接受三國會議。

惟因英方一再要求舉行日英美三國會議，故休斯氏終於提出妥協方案，舉行範圍更廣泛的以遠東和太平洋為議題的會議，以取代日英同盟的處理問題，除日英美法意五國之外，加上與遠東問題有關係的比利時、荷蘭、葡萄牙和中國，變成九國會議。

以上是召開華盛頓會議之前的前奏曲。至此美國政府的態度已經決定，並對各國發出邀請書，各國全權代表，遂陸續到達華盛頓。

愛德華・格雷爵士：一八六二年出生於英國，一八九五年出任班會曼內閣的外交部長，在其位子長達十一年（一九〇六），退外交部長同時，授子爵，他不但是政治家，對於動植物造詣很深。

休斯：一九一六年曾以美國共和黨總統候選人與威爾遜競選失敗，從一九二一年至二十五年，出任哈定、柯立芝兩位總統之國務卿，負責簽訂對德媾和條約。一九三〇年被任命為聯邦最高法院院長。

日英美三國同盟案

獲邀請之各國全權代表，陸續抵達華盛頓。那時我病臥床上。有一天到國務院的參事佐一分利貞男加，回來說據悉英國對國務院提出日英美三國同盟的代替案。這是欲拉進美國，形成一種同盟或協商的構想。如果只是日英同盟的處理，日本應該是第一的關係者。可是英國卻沒有與日本商量，直接對於美國國務院提出這樣的案到底是怎麼一回事呢？因百思不得其解，乃令佐分利往訪英國全權代表巴爾法試探其事實。對此把爾法以不可思議的表情，對於日方我們已經對德川公爵（家達，後來出任貴族院議長）作了很詳細的說明。

其所以發生這樣的差錯，是這樣的。加藤全權代表時，在這個會議中，舉辦了許多宴會和社交的聚會，首席全權代表都一一邀請其出席。加藤說他吃不消，好在德川公爵在這裡，這方面的事請請他代勞。我贊成這樣做，於是向事務局請德川公爵為首席代表。所以巴爾法把日英同盟問題對德川公爵說。但說德川公爵來說，他並不負責處理這樣的問題。他認為這是加藤和幣原的事，這種事一定告訴他們兩個人，所以似乎就把這事擱下來。

聽巴爾法氏這樣說的佐分利君便問他：

「如果是這樣，您們向國務院提出的案文，不知道是條約案還是協約案，有沒有正式案之抄件交出去了？」

巴爾法氏說應該已經寄出去了才對，並叫秘書長的莫理斯．韓卡氏來問，韓卡氏說：

「啊，我忘記了。對不起。」

然後立刻把抄件寄過來了。

英國所提出的條約案是，日英美的三國軍事同盟。現在美國的國情雖然非常不同，但那個時候的傾向是，自華盛頓建國以來，不可以與其他國家締結會產生連累的同盟是美國一貫的國策。因此收到條約案文的休斯氏，便把英國提議文件放在抽屜裡，置之不理不問。

當時政府給我們的一航訓令中，有這樣的內容。日英同盟的問題，在會議可能發生。萬一發生時，可以就現今之同盟條約加以修正，或以其他形式處理。如果要廢除，也行。關於這個問題，觀察列國採取怎樣的態度之後，再決定態度。我在病床上思惟再三，擬以協議條約取代英國之同盟條約案，認為如果是consultative pact即發生重大問題時，能夠互相商量的協約，不要以同盟來約束，這樣美國可能贊成，我也起草了這樣的文案。

寫完文案之後，我請佐分利君帶去給巴爾法氏看，看完後把爾法氏說：

「的確，這樣比較好。」並會出鋼筆修改了一兩個地方，並表示：

「這個文案好得好，故我要撤回我所提出的案。請將此案為幣原、巴爾法同意之案交給休斯。」

因佐分利君與休斯約定見面之時間已到，沒有帶回來大使館給我看的時間，直往休斯氏處。休斯氏沒有說話，把它拿走，決定隔天商量這個問題。

佐分利貞男：第一次世界大戰巴黎和會，華盛頓裁軍會議全權隨員，一九二四年擔任外務省通商局長、條約局長，一九二九年出任駐中國特命全權公使，該年十一月回國中去世。

巴爾法：一八八七至一八九一擔任愛爾蘭事務大臣，一九二〇年出任財政部長，為院內總理通過日英同盟條約案。一九〇五年出任保守黨黨魁，一九一五年出任海軍大臣，一九一六年至十九年外相，二十年出任樞密院議長。

德川家達：幼名叫做龜之助，一八六九年奉還籍出任靜岡縣知事，一八七六年留學英國，與創設帝國議會之同時敕選為貴族院議員，屢次出任全院委員長，後來出任貴族院議長，不僅統率貴族院，也是華青界不多見之逸才。

四國會談

對於我原案的會議，不是公開的會議，而是在休斯氏私邸的書房秘密地進行。休斯氏、巴爾法氏和我，加上法國的全權代表沙羅氏四個人的會談。我因為病中，身體衰弱。看我這個樣子的休斯氏便說：

「您身體似乎還是不好，您就躺在那裡吧」，他要我躺在沙發上。我可以不必躺下，但沒有力氣，聲音很小。因此休斯氏把椅子拉近沙發，我們兩個人就這樣交談。把爾法氏有些聲，聽不到我們兩個人的談話，故也把椅子拉過來說：

「我完全聽不到您們在講什麼。請再說一遍。」而參加了我們的談話。

因沙羅氏不懂英語，所以悠然坐在那裡。

可是時事新報特派前來的伊藤正德君，卻把這個問題電造日本，日本又把它報回美國。它把「幣原試案」全文刊登出來了。我不清楚伊藤如何拿到該文，但事情既然如此，就沒有再守密的必要。既然在大體上已經有一個共識，於是休斯氏說，明天就召開正式會議作報告。沒有人提出異議。

既經決定，散會我準備離開時，沙羅氏急急忙忙抓著我以法語問我說：「怎麼一回事？發生了什麼？」我對他說明到今天的大致經過，於是沙羅對我說：

「前天我把休斯氏的話電報國內，但還沒有回電來。我要把到今日的發展經過，馬上電報巴黎。」

隔天發表時，巴黎還是沒有來電報。記得再過兩天就要簽字了，於是沙羅說：

「這樣重大的問題，我不能隨便簽字，我不簽字。所以我不出席簽字會議。」這是理所當然的。

日英美三國協商，要把法國拉進來一事，不是當初三國對話時所決定的。但站在美國立場，那時美國國內對於英國和日本的觀感並不是很好。可是對於法國，因為盟軍總司令奧霄將軍來到美國，備受歡迎，對於法國之觀感由之大為提升。因此覺得只是日英美的協商，在參議院能不能通過沒有把握，所以休斯氏遂覺得把最受歡迎的法國加上去，作為四國條約比較妥當。

奇怪的國恥論

關於四國條約，是否適用於日本本土，其實不是那麼重要，但卻傷我不少腦筋。因為法國、英國和美國等國，並不適用這個條約。這是當然的，但在條文的寫法上，它可以解釋為適用於日本本土。日本外交調查會認為這是國恥而成為問題，主張說必須有適當的解決辦法，否則不能接受。這個四國條約，責任完全在我。於是拜訪休斯氏，告訴他這種情況。日本國內說，被解釋為只適用於日本本土是一種國恥，表示異議，我主張必須有適當的解決辦法。於是休斯氏建議說：

「本國適用條約不是很好嗎？不管島嶼或本國，遭受他國侵略時，大家要共同來幫助，這不是更好嗎？」

與我們的想法完全不同，此時美國參議院，在作完全相反的議論。他們說，日本太狡猾了，只適用於自己本國，不適用於其他國家，這是不公平，亂來的條約。我被挾在中間，休斯氏也被挾在不同於我的隙縫裡。

我去看巴爾法，他也目瞪口呆說：

「這為什麼不可以呢？我很希望也能適用英國本國，以它為國恥，我真無法理解日本人的心理狀態。但如果除掉日本本土，澳洲也不能提出要除外，那就很很麻煩。」他也不一定反對。於是我往還這兩者之間，結果是把一切國家的本國除外。

下來是如何寫條文的問題，休斯氏說：「日本多是島嶼，從這裡到那裡，無法以東經幾度，北緯幾度來界定。請您自己來寫案文吧，要找來撰寫。因此我以四國條約附屬宣言的形式，起草了一案，巴爾法和休斯氏都欣然接受了。」

伊藤正德：歷任時事新報總編輯、共同通信、新聞協會理事長，日本媒體界的重鎮，二戰期間，以海軍評論家聞名。有新聞五十年等著作。一九五〇年年底出任時事報社社長。

加藤（友三郎）全權代表之苦惱

在華盛頓會議，加藤全權代表以其權威，專事折中，因此我專心於太平洋問題和中國問題。這不分工，而自然變成這個樣子。

對於海軍之五．五．三之比率，加藤全權代表都沒有告訴任何人，他似乎一開始就認為五．五．三是可以的。所以我覺得這事能夠談得攏。加藤全權代表所想的，不是軍艦之兵力量的問題，而是太平洋之防備，也就是要限制軍事設施之維持現狀。譬如德國之艾爾伯河日的赫利哥蘭特島被稱為難於攻陷，如果在太平洋之關島等其他美國領土作這樣的陣地，就是五．五．三也很難戰爭。如果予以限制，以維持現狀的話，五．五．三還是可以戰爭。因此，他把比率的問題交給加藤寬治中將（後來出任聯合艦隊司令長官）等隨員和專家去處理，他自己則努力於維護現狀的問題，與休斯全權代表交涉。

大致江，加藤全權代表在美國的風評非常好，很為休斯氏所信用，關於維持現狀之具體條件，日美之間有不同意見，因此雙方進退兩難。

所以加藤全權代表洩氣說：

「這很糟糕，我們恐怕只有打退堂鼓回國。」

如果這達不到共識，比率也無從決定。於是我說：

「讓我想一想」，乃起草了折衷雙方意見的一個對案給加藤全權代表看。無需說，對於海軍問題，我是百分之百的門外漢。後來去參加倫敦裁軍會議的若槻氏，被稱為「文人提督」，似乎對於海軍事很內行，但我完全不懂。但我的對案是，拉近日美雙方意見之形式的案。

加藤全權代表看了我的對案說：

「這不行。我覺得這個可以。有關日本的海軍，這可以。但我想這稱休斯不會同意。」我說：

「試試對我們也沒有什麼損失。試試看如何？」

加藤全權代表雖然不太積極，我還是請他試試。加藤全權代表帶口譯人員市橋（倭）君去看休斯氏，不到三十分鐘兩個人回來了。

我問：

「怎麼樣？決裂了？」

他搖著頭回答說：

「我不懂。我拿給休斯氏看，他在嘴裡唸著，默默地放入口袋裡說，我來考慮。態度冷淡，我想沒有希望。」我樂觀說：「根據我多年的經驗，休斯氏對於不喜歡的案，他會馬上講許多議論。他是法官出身，腦筋非常好。所以提出議論，不一定是反對的意思。」

加藤氏開我的玩笑說：

「你是個好人，太自負，不行。」

經過兩三天，休斯氏來電話。加藤全權代表外出，馬上就回來了，他說：

「很奇怪。休斯氏說維持現狀沒有異議。我覺得不可能沒有異議，對方說可以，因沒有必要問他為什麼可以，因此我就回了。」

他同時再叫佐分利君去國務院，以確認是不是真的沒有異議。因此我說：

「您是海軍大臣，是首席全權代表。直接談判，對方說可以，怎麼能再去問他是不是真的？」加藤全權代表才放了心。

口譯大師

加藤全權代表的口譯者市橋（倭）加是史丹福大學教授，能講與美國人一樣的英語。但在這個限制防備發生了問題。加藤全權代表主張說，日本本土沒有限制，要不要軍備完全是自由。市橋把日本本土仍然口譯成Japan proper。於是休斯氏說，伊豆七島是小島，不能算是Japan proper但說那是東京府的一部分，對此休斯氏卻說是不是東京府的一部分我不管，那是你的獨斷，在世界上是說不通的。口譯的確是非常困難，說Japan proper，美國人解釋為是四個大島的音思。因為這個問又陷於僵局。最後我去看休斯氏，作說明和解釋，才圓滿落幕。

談判口譯，加藤全權代表，講話簡潔，條理井然，不囉嗦，意思清楚，所以他的口譯應該不會太困難。順便一提在日本，已故大隈（重信）氏的口譯最容易。大隈氏與外國人滔滔議論，真是理路清楚。非常有趣。所以因語言之能力，口譯可能很好也可能很差。但講話的人如能說出重點，便不會譯錯。不過加藤全權說話的措詞很巧妙，故口譯就非常困擾。

但我覺得全世界最好的翻譯者是，叫做卡梅朗的斯堪的那維亞系的人。其翻譯（口譯）可以說是「絕技」（原文是神技）。在華盛頓會議，把布萊安法國外相一小時以上的演講，從法語譯成英言，一句話都沒有漏掉。對照法語和英語的速記錄，非常一致。我以為布萊安氏事先有草稿，卡梅蘭看過它，輪到我們，我們用很靈光的英語演說，他把它口譯成法語。譯得非常漂亮。我看他，我在用心記。譬如把日本政府記憶為「尼・色」等等。總之他可以說口譯的神仙，把很長的演說，原封不動地記住，就是日語我們也辦不到。

又這不是口譯，我們大使館的齋藤博、白鳥敏夫兩君是英語的名家。山東問題會議的議程，全部以英語進行，中日兩國全權代表之發言，全記錄下來，隔天發給大家打字打好的記錄。中方和美方都有做記錄，都不行。只有他們兩個人成功。雖然不是以速記，可能因為記憶力強，和有興趣所造成。不是專家，而能作到這種地步，連美國的委員也極為驚訝。

加藤全權代表之人望

加藤全權代表的人望，超過一般人的想像。譬如休斯就說，加藤氏是絕對不會耍花樣，說假話的人，而非常信用他。

加藤全權代表抵達華盛頓時，其副官先到，並到我這裡來。他說他會再回來，如有口信，他願意轉達。我請他轉告：各國全權代表抵達華盛頓時，以休斯氏為首，國務院都前往迎接。對於英國全權代表巴爾法氏也是這樣。此時街道兩邊會有許多群眾，會揮著帽子喊叫。等於是日本的萬歲。我想加藤全權代表來時也將是一樣。即對方揮著帽子歡迎時，這邊也要脫帽子微笑點點頭。希望他不要穿軍裝，穿便裝來。

到達華盛頓的加藤全權代表，立刻前來大使館，對我抱怨說：

「你管東管西，我穿了平服揮了帽子，但你不要再管。我不喜歡這一套。」

他那一位副官也說：

「大臣不喜歡聽這種話，因為別人的提醒，他換了衣服但很不高興。」

他但到達華盛頓時的風評，都說他是很有魅力的海軍上將。不過在日本，加藤友三郎根本不是很有魅力的海軍上將。

在華盛頓會議，海軍裁軍的問題，隨員的加藤寬治君，當時我記得他是中將，他反對

五．五．三，而與美方大事爭論。在十年後（一九三〇年）之倫敦會議，加藤君反對裁軍條約，以（海軍）軍令部為後盾大發議論。而二十年前，在華盛頓，加藤寬治君似乎也曾經令加藤三郎全權代表很困擾。如前面所說，加藤全權代表比五．五．三，更用心於限制防備，所以加藤中將對他一直表示不滿。因此有一次加藤全權代表曾經對我回憶說：

「他也是我的部下，也沒有什麼野心，因為日本海軍而那麼熱心，昨天晚上雖然也很難過，但我還默默地聽他說。所以受很大的苦。」所謂受很大的苦，那一天晚上他似吐了不少血，臉色蒼白。從那時候他已患症，因而吐血。

加藤寬治：一八七〇年出生於東京。歷年日俄戰爭時為東鄉司令長官所乘「三笠」之炮朮長，海參崴派遣艦隊司令官，海軍大學校校長，華盛頓會議全權代表隨員，一九二六年聯合艦隊司令長官，一九二九年軍令部長，在倫敦裁軍會議也主張強硬意見而馳名。

齋藤博：曾任紐約總領事、捷克全權公使、外務省情報部長、倫敦裁軍會議苦槻全權代表之隨員，一九三二年從駐荷蘭大使轉任駐美大使，在任地華盛頓去世。

白鳥敏夫：曾任外務省情報部長、駐義大利大使，以對外強硬論者，領導了戰前之日本外交。日本戰敗後以戰犯遭受遠東國際軍事法庭起訴，被判終身徒刑，於服役中的一九四九年六月三日去世。

美國海軍反對

在裁軍會議中美國海軍的內部情形是如何呢?當時,我並不清楚,華盛頓會議結束之後,海軍次官小西奧多爾.A.羅斯福(日俄戰爭時之美國總統羅斯福之長子)來到日本。他來看我,互相回憶當時之華盛頓會議,隨便聊天,說些實在話。他坦白說,對於裁軍會議之結果,有兩件事與美國海軍首腦群之預想是相反的。

第一是美國所要提案的各國海軍比率要怎麼決定,非常懼怕泄漏出去,因此代表部內只有少數人參加會議。以現在擁有之軍艦為基準,算一算,五.五.三並非十.十.六。日本有點不夠。不是三,而是二.七,對於小數點以下要如何處理,大家議論紛紛。於是休斯氏說不要說這些細微的道理。日本既然要前來參加會議,因此所謂二.五或二.七的說法,或許合乎現狀的道理,但從大局來選,在政治上並不好。他大力主張以四捨五入,五.五.三來交涉。最後海軍接受了他的意見。如果這樣,日本的海軍將能理解美國的好意。可是事實上,日本海軍對於美國所主張的比率案,極為憤慨。總而言之,美國為日本之利益的提案,反而引起日本的怨恨,真是非常意外。

第二是限制太平洋之防備問題。對它一開始就有很多人反對。因休斯氏為加藤全權代表之熱情所感動,只與幾個首腦商量就馬上答允了。可是這個案一公開發表,美國海軍內部激烈反對。時至今日，只要有機會，多說就美國而言，沒有那麼不利的限制，這種條約，應該早日廢除。據稱，休斯氏也說沒有想到會有那麼大的反對。要之，如上所述，美國的海軍很不滿，日本的海軍也不滿，證明這個條約是公平的。小羅斯福心平氣和地說，不可能有雙方都滿意的條約。

密碼電報全部泄漏

在這個會議中，有一個叫做亞特列的美國人竊取各國的密碼電報，後來出版了《密室》（Black Chamber）一書。這一本書說，在舉行華盛頓會議之前，日本政府給幣原大使來了訓令說，這次會議必須請宣傳人員，可能需要用錢，要其估計其數目，以申請所需經費，全部解讀碼，將其寫在書上。當然我完全不知道密碼電報被聽和解碼。由此書我才得知這件事，不過看了這本書我很得意。因為既然解讀了政府的訓令，應該也會解讀我的回電才對。我的回電說：「我無意雇用以歪曲輿論為業的專家來作宣傳，因此不需要錢。」──我相信，我的密碼電的解讀一定到了美國國務院。若是，因為被竊聽和解讀了我的密碼電報，美國肯定相原是一個很誠實的人，所以暗中非常得意，心中為之一笑。

亞多列：美國陸軍諜報部解讀密碼班長，因與國務院發生意見衝突，遂公開其著作《密室》一書，公開了美國的機密室。

在宣傳方面也發生過這樣的事。美國有一位很有勢力名叫威特莫阿這個女性。她舉行茶會寺會有許多有力人士前來參加。這位女性非常喜歡日本，有一次來大使館看我。那是舉行裁軍會議稍前之事。她說：

「國務院和英國的外交部一起在計劃要日本放棄在遠東的利益和地位。對此我不能熟視無睹。我有幾個好朋友，請您用他們為宣傳人員如何？我給您介紹好人。」她非常好意，不過我已經告訴外務省不雇用宣傳人員，也沒有任何宣傳費，因此我對她說：

「要以好的宣傳，令美國人了解日本，我一個人可以作，我會儘力而為」，予以婉拒。

她默默地聽我說話，聽完話後流眼淚說：

「我實在不忍心看到，日本被我國政府和英國政府欺侮。所以我要前往歐洲避居瑞士山裡，以安慰我自己。」

但我的確無奈，因而與其告別。然後她到瑞士去了。會議開始不久，她又來大使館，並說：

「我錯了。我知道美國政府和英國政府對日本並沒有惡意。我很高興。不必繼續在瑞士過悠忽隱遁的生活，所以我回來了。」
於是我問她，「妳為什麼那麼同情日本？」她回答說她讀小泉八雲之〈心〉這篇作品，非常感動，從此以後喜歡日本。
小泉八雲：英國人，歸化日本，取名小泉八雲。曾執教於東京帝國大學和早稻田大學，教授英國文，留下許多著作。一九五〇年，在松江舉辦了他的一百歲誕生紀念會。（譯者按：拙譯《日本的作家與作品》）（中日文對照，台北水牛出版社出版，有小泉八雲的介紹。）

超越生死

華盛頓會議，有雅浦島問題。這是太平洋上的小島，這是很麻煩的問題，都沒有人願意接，因我知道一些，故大家把它推給我。雅浦這句話，在日本並沒有什麼，但在美國卻另有意義，它被用於狗之類的下等東西，因雅浦島成為我的「專賣」，因此大家看到我，便喊「雅浦，雅浦」，變成我的綽號。
雅浦島雖然是一個小而不值錢的島，但卻是海底電線卸貨地，和通信的中心地，這個島是在日本的委任統治領內。美國欲把它除去委任統治之外，而日本則主張委任統治的權利。委任統治系來自凡爾賽條約。美國雖然在這個條約簽了字，美國參議院卻沒有予以通過。由於這種原因，我幾乎天天到國務院和他們議論。

開始華盛頓會議之前，我健康欠佳，但因工作繁忙，不能休息。那個時候，我學生時代的好朋友諸井六郎擔任阿根廷公使，從南美回國途中經過華盛頓，一看到我的臉，立刻流下眼淚。我以為他發瘋，問他：「怎麼一回事？」他說：

「好可憐呀，你會死。再健康，這樣日以繼夜忙碌工作，身心勞累，不可能長久。我覺得這可能是與你最後的一次見面，感慨萬千而掉下眼淚。」說罷他就回去了。

我因為感動他的誠摯，而不由地掩了自己的臉。著實我忙極了。因此我病倒。起初被告訴是腎臟炎，事實上是腎臟結石。但這也好了，你看我現在這樣健康，預言我會死的諸井，已經過世不在人間了。

擔心我健康的不只是諸井。也有好幾個美國朋友替我擔心。我回國之後，美國哈定總統來了很多懇篤的信。他說：「老實講，那個會議之後，您能活那麼久，我們以不安之心情在觀察。可是很悉您回去日本以後相當恢復了健康，因此我很高興。」如該信所說，我恢復了健康。所以我馬上給他回信，以表示由衷的謝意。

但人生實在很難預料，我回信到華盛頓時左右，哈定已經不在人間了。說是他旅行西雅圖或什麼地方，吃了螃蟹罐頭或什麼中毒，實際上似乎腦溢血而去世。所以他很可能沒有看到我的回信。關心我，親切地問候我的這個人，誰能想像他會比我先走。

哈定：一九二一年召開華盛頓會議時的美國總統，在職兩年五個月，旅行阿拉斯加回途時病逝。

成為問題的山東省

一九二五年日本政府，為清除中日兩國間之多年來的懸案，開始交涉，締結了「關於山東省條約」和「關於南滿洲及東部內蒙古條約」。該條約正式簽字和交換了批准書，當時因我駐節荷蘭，故不知道日本政府對中國提議這個交涉的背後用意。總之中方以此條約系因日方之高壓手段所訂的非法同意，因而起來反抗，及以華盛頓會議為良機，提出這個問題，訴諸列國之同情，出於主張條約之無效。

在會議還沒有開的美國，中方已經展開了宣傳工作。因此美國的報紙大事報導說，中國和日本，就山東省問題發生很大的爭執，有可能發生戰爭等等。

於是我直接訪問休斯國務卿，言及山東問題，詳細說明日本政府為山東問題欲與中國妥協，在北京屢次進行交涉，但中國政府卻回作答，也不肯妥協，終於遷延至今日經緯，並說：

「對於此次華盛頓會議之召開，相信任何國家的代表都希望它能開得很成功。當然我也這樣期待。但它究竟會不會成功，決定它的鑰匙在您手裡」，並指著他的手指。於是他問「這是什麼意思？」我說：

「如果您能夠公平地站在中日兩國之間，採取不偏不倚的態度，問題可以獲得解決。否則因為這個問題，華盛頓會議的氣氛將隨之惡化，最後恐怕很難得成功。說坦白一點，據說中國之某當局者，與美國之某有力政治家有特殊的關係，中方把希望寄托於他，而不肯與日本妥協，這是情勢的真相。我堅信您絕對會作公平無私的判斷，萬一中國代表欲依靠美國政府，以得其同情，俾求得問題之解決有利於中國，為中日兩國，以及為華盛頓會議之圓滿進行，我憂慮將陷於很不幸的狀態。我希望於您的，不是同情的支持日本的立場，而是對於中日兩國之不偏不依的態度。我之說會議成功與否之鑰匙在您手上就是這個意思。」

休斯氏默默地聽著。他很有耐心地聽完，我不大高明的長話之後，沒有反駁或批判，而只是問：「您所說的這個意思吧」，而以他的話重複了一遍。把我不大靈光的話，他以很漂亮的英語，整理得井然有序，問我是不是這個意思。我說：「是這樣」，他便說：

「我明白了。我會好好思考。」當天我們就這樣告別。

後來我問了國務院的熟人，休斯氏等我回去以後，馬上把速記者叫來，令其速記下來我所說的話，並在紙上旁邊的空白處寫著「幣原的這個意見，對我來說既有趣也有幫助」。惟休斯氏是從該年三月才負責外交工作，因此對於過去種種來龍去脈可能搞不清楚。

幾天以後，我又去看休斯氏問他：

「前幾天您說要思考思考，結果如何？」

他正經地說：

「現在我要很嚴肅地向您發誓。在這個會議，美國絕對不會偏袒任何一方，有不公平的想法和作法。我以我的榮譽對您發誓。」

我說：

「您說您將有效地使用您手上的鑰匙，這樣非常好。因此我就很放心了。」

山東問題的會議開始了。它由遠東問題會議分開，希望由中日雙方委員直接會談，以解決山東問題。在此之前，中國全權代表王寵惠發表聲明，攻擊日本。它說，所謂二十一條，只以其一服就能毒死中國。日本竟下二十一服毒藥。其給予中國痛苦之嚴重，決非言所能盡述，以鼓動美國人之反日感情。當時在華盛頓，為支援中方委員，山東省的代表團專程來美，而且能道善辯的中國全權代表，準備在列國全權代表面前，抨擊日本，但山東問題決定由中日直接會談，因此更加不滿，據說，有一天，在中國大使館所舉行有國幾名官員也參加的宴會席上，山東省之代表團的人們，以山東問題不作為全體會議之議題太沒有道理，而大鬧特鬧。

反映中國官民之氣憤，對於山東問題，中方委員自始就沒有要妥協的意思，似乎準備管講，最後要使山東會議決裂。因此這個會議，開始四、五日就完全觸礁，陷入進退維谷的狀態。此時我因苦於腎臟結石，故主要的由埴原（正直，次官）出席。起初加藤全權代表也參加，中方的委員以極流利的英語大罵特罵日本。所以日方也由之激動起來，像木村（銳市）君，由於太興奮，曾經把鉛筆擲在會議桌上。

決裂之前抱病出席

在這種情況下，山東會議日益險惡。有一天，從這個會議回來的加藤全權代表到大使館來，一進來我的病房便說：

「已經不行了。這樣下去兩、三天之內會決裂。這樣不行。」

他完全絕望了。他並說：

「我出發東京時，曾與原（首相）談過，這樣的問題要由你來處理，你病倒了什麼都辦不成。今天晚上我們到紐約去玩一玩如何？」很是自暴自棄。

我聽他這樣說，覺得這樣不好。關於把山東問題與其他問題分開，決定在中日兩國直接會議討論一事，我自己有責任，這使中方不滿，會議如果決裂，我不能坐視。因此遂對加藤全權代表表示我的決心：

「從明天起，我要出席山東問題會議。如照您所說的情勢，我也沒有把握能使山東會議成功。但我要讓英美和其他的旁聽者理解日本並不在固執無理的要求。所以我把成功與否置之度外，我要奮鬥到底。」

加藤全權代表勸我不要逞強，因我不聽他的話，遂把他一起帶來的島井軍醫叫來問：「幣原堅持要出席會議，你看有沒有關係？」叫他診斷我的健康。島井說：「脈和體溫都還沒有恢復，不可以外出。」我說我不接受這種吩咐，隔天準備好就到了會場。

因為病臥床上幾個星期，所以腳根站不穩。大使館的階梯相當長。好不容易下來，半被抱著上車。而開會會場的階梯又很長。我有點喘不過來。

忍耐勉勉強強坐上椅子。中國全權代表都來了，並跟我打招呼表示：

「您能來參加，實在太好了。」

在會場，他們以英語滔滔雄辯，與埴原君展開論戰。因聽不下去，故我發言了。

「今天我是準備以觀察員的身分列席的，因中國全權代表之發言中有我無法理解的部分，故我要講幾句話。說是日本要奪取山東省之鐵等，這不是事實。收買的金額，巴黎和會已經決定。日本要付相當多的錢，所以不是盜人。」

對方問：「日本是要付錢的嗎？」「請仔細看看巴黎和會的記錄」，「那我們誤解了」……當日這樣就散會了。當天以觀察員身份列席，曾擔任過公使多年的英國人約翰・覺旦爵士，回去前拉我的手說：「我擔心這個會議今天會決裂，因為您這一句話，有希望了。中國人似開始反省了。您點出了其重點」，而非常高興。

隔天，中方的態度完全改變了，並說：「若是這樣，我們能夠理解日本的態度」從此以後，會議進行得很順利。惟因會議開始於下午一時半，到晚上八、九點，不吃飯，所以我的病身非常疲勞和衰弱。

美英之公正的發言

山東問題的會議，逐漸走上了軌道，自此以後，中國的全權代表，連日指名我來挑戰。一日，對於山東地方的行政實際情況，和顧維鈞全權代表在事實的認識上有不同的看法，英國的觀察員吉奧旦突然站起來說：

「現在顧維鈞全權代表和日本全權代表在議論，到最近我在中國工作過，所以中國的實際情況我很清楚。顧全權代表的話與事實不符。日本全權代表的主張比較正確。」於是顧維鈞氏憤然反駁說：「聽到觀察員發表意見，我覺得很意外。」惟這沒有成為吵架而過去了。

經過幾天之後，美國的馬克馬列在會議席上這樣說：

「我奉國務卿之訓令發言。美國政府不能接受美國中國全權代表之主張。即使中日之間成立中國全權代表所主張的協定，美國不能讓步既得之立場，承認中日間之協定。請能清楚讓解這一點。」

我認為，這兩位是從第三者的立場，說了公平的意見。中方眼看形勢對其不利，似乎自此以後改變了態度。

如此這般，山東問題的中日會談，進展到最後階，準備把已經獲得共識的部份起草為條約案，王寵惠氏和我是其起草委員。

我們兩個人在另外一個小房間聚首，迎面而坐，著手起草。於是中國年輕人進來講東講西。其中有一個隨員，說是英國的大學畢業的，英語講得很好，說這種事並非在議場決定等等。嘮叨囉嗦。王寵惠氏罵他說：

「不要講話。你不是全權代表。我正在與幣原講話。要講就出去。」

這個人於是以抱怨的表情出去。起初，王寵惠氏似乎是對日本最反感的一位，但現在其態度非常和氣，因此條約案很快就寫好了。它被提出報告，正式成案。

這是我從沒有受過這麼多美國方面的感謝。山東條約對日本來說不是那麼重要，但美國人非常關心，官方、民間多認為可能爆發戰爭，因此這個條約很受美國人的歡迎。我的努力獲得比事實更大的報應。

另外令我高興的事情是，王寵惠氏對我非常深厚的友誼。同時施肇基氏和顧維鈞氏也是。王寵惠氏要離開華盛頓時，我的健康還不容許我外出，但我還是排除萬難，前往車站去送他。這時王氏很親密對我說：

「老實說我一直誤解日本。在這次會議能夠得以理解日本，對我來說是很大的收獲。有一日我要去日本，我下定決心要為兩國之親善盡力。」他似乎非常感動的樣子。從此以後，我們兩個人在私交上，建立了很深厚的友誼。

幾年之後，王寵惠氏真的來到日本，報紙報導說，中日邦交有改善之先兆。他前來位於東駒込的我家來看我。一下車，他便告訴他帶來的秘書說：

「你已沒有事，回旅館去好了。等一會叫車子來接我。」這樣我們兩個人閒聊，過了一個非常愉快的下午。當時，他這樣說。這時他是海牙國際仲裁裁判所（國際法院）的法官，請假回中國，旅行中國的南北，提倡中日的親善。在這過程中，中國只有一個政治家（我忘記了他所說的名字）反對，其他的人都贊成。反對的這個人，對於金錢和女人都毫無興趣，是一個個性僵硬的人。王寵惠氏笑著說，對於女人和金錢不動心的人，用道理來說恐怕也說不動。

施肇基氏也是我從美國回來，無所事事時，回國途中過日本時也來看過我。我請他到今日東京川之清澄公園，前岩崎別邸，一起吃午餐，他非常滿意，所以，華盛頓會議，對我來說，是為中日兩國間接地帶來了很好的結果。

顧維鈞：出生於上海，美國耶魯大學和哥倫比亞大學畢業（獲哥倫比亞大學博士學位，我見過他好多次——譯者）。獲頒歐美諸大學之名譽博士學位。一九一六年任駐美公使，一九年巴黎和會中國全權代表，一九二〇年駐英公使，四十一年駐英大使，四十四年華盛頓國際安全保障理事會中國首席代表，四六年駐美大使。日本脫離國際聯盟時，以日本松岡全權代表之論辭馳名。

剩下來的二十一條

除山東問題之外，還有對華二十一條條約的問題，在遠東委員會桌上等待討論。如提出這個問題，一定非與中國委員吵不可，因此長期把它壓下來。因我的病情已經稍微好轉，乃決心處理這個難題，並出席委員會作了這樣的發言：

「任何國家都不許主張準備破壞條約，違反自己意思而簽訂了條約。如果可以承認不是自己之真意的理由，來主張已經簽訂和完成批准的條約為無效，那要如何才能保障世界的和平與安定呢？我對於中國之全權代表作這樣的主張覺得很遺憾。所謂二十一條條約，日本最初提出的要求固然是二十一條，但在交涉過程中日本撤回了不少。不是全部簽了字。同時在字批准條項中，要滿洲請日本顧問一事，日本也沒有要求其實行，也沒有這個想法。這是日本任意不要求實行的。我覺得中國應該要了解條約之神聖。日本可以有依自己意思自動放棄其權利的自由，而中國一定要遵守條約之神聖。」

與此時同，我列舉了今日日本無意實行條約上之權利的條款。對於我的發言，中國的全權代表都保持沉默，沒有人發言。我從會場出來時，美國全權代表之一人，為外交界之前輩的魯特氏喊我，並說：

「我覺得採取剛才您所說的態度，對於日本最利。作為日本的友人，我曾經想對您建議說這樣的話，但覺得多管閑事反而不好，所以一直沒有說。惟因您剛才原封不動地說出我心中的話，因此，我非常高興。」並拉住我的手不放。他又說：

「由於您採取這樣的態度，美國便能夠負責。為了要使這個問不要再鬧起來，我負責將使中國不再提出這個問題。」

可是隔天，中國代表作了很長的辯解的演說。但在議場，有的人在睡覺。演講一結束，主席的美國全權代表便宣布：

「現在來討論下一個議題。」由此結束了二十一條條約問題的討論。

門戶開放與機會均等

九國條約是在遠東委員會討論和決定的，這個條約中，有中國之門戶開放和機會均等的規定。日本的報紙報導說，為了牽制日本在中國的經濟活動，英美提案作了這樣的規定。但在實際上，單就外務省來說，在中國之門戶開放和機會均等主義，是規定中國對外關係的一個重要原則，這是日英同盟以來，日本一向所主張的原則。因此在日本與列國所簽訂與中國有的條約中，幾乎都寫有機會均等主義。這是因為為日本，必須這樣寫。

理由是，在中國進行經濟活動，日本沒有主張優先或獨占之權利的必要。所謂門戶開放或機會均等，是要光明正大來競爭的意思。是即日本的商工業，沒有懼怕外國業者競爭之必要。日本實占有極有利的地位。所以妨害日本商工業之正當進路的是，違反機會均等主義，以及杯葛等等。

光明正大競爭對日本有利，這一直是我們的想法，所以對於畏把它規定於九個條約，是我對於休斯氏建議的。我說這個規定，你們不會反對才是。休斯氏表示贊成，遂把它規定進去。所以不是英美所提案的。

從歷史上來說，所謂門戶開啟，起初（一八八九年—譯者）是美國國務卿約翰・海氏，為牽制列國在中國各地設定勢力範圍，意圖獨占該地方之經濟而提出來的。可是日本外務省法律顧問德尼遜氏卻說，所謂門戶開放，其意義並不清楚。柏利來浦賀時，也可以說是為要日本開放其門戶而來的。因此他撰寫第一次日英同盟之案文時，以「予列國商工業均等之機會」取代「門戶開放」。在第二次日英同盟條約，寫成機會均等主義。因此所謂機會均等，實來自日本。

順便一提，據說，門戶開放法文沒有適當的用語，故在法文它寫均等待遇之主義可是在朴茨矛斯條約寫成機會均等主義，法文便將其直譯叫做。對此我聽過法國人說，這種譯法在法文是不通的。

約翰・海：出生於美國印地亞那州沙列姆。一八六一年擔任律師，曾任林肯之秘書，以後出任駐英大使。對於外國事務特別是中國問題熟悉，他與加拿大等所締結之條約多達五十以上，發揚了美國的國威。一九〇五年在紐約去世。

出兵西伯利亞問題

在華盛頓會議，有關中國和太平洋問題之討論，隨討論之進行其範圍逐漸拉大，出兵西伯利亞問題由之也成為議題。這是因為美國輿論認為，日美共同出兵西作利亞，美國已經撤兵，但日英卻援助色密友諾夫，不撤兵，這是日本有侵略意圖，而議論紛紛所致。因此休斯氏私下希望我在會議上說明日本的態度。於是在遠東委員會席上休斯氏便說：

「這雖然是不幸的事，現在我們以西作利亞之色密諾夫問題作為議題。現在請日方委員對此問題發言。」

於是我站起來，將其來龍去脈說一遍，說畢休斯氏馬上宣布說：

「現在這個問題全部解決了。」

出兵西伯利亞問題，發生於我赴任華盛頓之前，我擔任外務左右的時候，大戰後，捷克斯拉夫之軍隊留在西伯利亞，不能回國。由於要搭救他們，由美國主倡，日本也出兵。所以其軍事行動並沒有什麼特別，而安全地把他們帶到海參崴來。那時從歐洲方面，有人提出中東鐵路給紅軍隨便使用不好這樣的意見，因此相當困擾，但對於我們並沒有發生太大責任的情況。

就外務省而言，是從人道上的立場來援救捷克的。但在日本國內，在政治上，卻有人想利用它來搞大陸政策。所以眼看俄國人阿達曼·色密友諾夫和抗當時之紅色政權，在西伯利亞起事，欲予以支援。如此一來，把痲子看成笑窩，把他當作有如果方式的英雄，產生了部分人覺得無論如何一定要支持他的情況。

剛剛此時，在鄂木斯克方面（現在改名諾奧·西伯利斯克）出現了一個名叫柯爾加克者。這與我有一點關係。有一天英國的大使到我這裡來，談到柯爾加克提督，說他是非常有趣的人，是一個良好意義的豪傑型的軍人，希望您能和他見見面。他欲以單獨力量趕走紅軍勢力，俾建立健全的俄國政府。英國大使很希望我能和這個人見面，所以我見過他一次。

事實上，柯爾加克這個人像個軍人，骨節粗，精力充沛，說話很有勁。是跟我們外交員有不同風味的人物。他和我談了大約兩個小時。爾後，英國大使來問我說：

「您的印象如何？」

我說：

「他是很有風味的一個人，好像蠻能作事的樣子。」

於是英國大使說：

「我也覺得這樣，我們來擁護他，讓他幹幹如何？」

因此英國大使打電報已經往歐洲出發，從香港附近把他叫回來。據說，柯爾加克是廿十大日名的海軍軍官，他登高一呼，許多人會跟他走。於是決定支持他，為與其取得聯絡，日本特派加藤恒忠君前往奧姆斯克（今日之諾奧．西伯利斯克）。結果色密友諾夫被奪走了其勢力，支持色密諾夫的人，也就非常尷尬。

色密友諾夫：俄國革命時代哥薩克之領袖的帝政派，在遠東組織白色政權，與日軍撤退之同時被掃蕩而亡命日本。以金塊一百萬日圓事件馳名。

軍部惡用日美之交涉

對於西伯利亞撤兵問題，我曾經有過很大的失策。那是我由外務次官轉任駐美大使，在美國總統是威爾遜，國務卿是藍辛的時代。

看報紙時，看到美國突然由海參崴撤兵的消息。於是遂去看藍辛氏。我用很重的話他說：

「我想請教一件事，就是出兵西伯利亞，突竟是誰說出來的？不是美國說出來的嗎？由您們勸誘，日本才出兵。事事日本軍隊與美軍協議，訂定警戒和負責地區，正在警備西伯利亞鐵路沿線。可是美國對於日本一個招呼也沒有撤兵，因此全線的狀態，變成有如少了牙齒的情況，有的地方因為日軍駐屯部隊人數不足，可能面臨危險狀況。日本由之陷於非常困難的狀態。」

藍辛聽我這樣說，非常驚訝，當場打電話給陸軍部長。問他美軍撤退西伯利亞的命令，是否已經下達了。電話中之回話的聲音，連坐在那裏的我都聽得一清二楚。

「已經下達命令了。今天可能已經由海參崴出發了。」

於是我又說：

「您們的做法實在太過分了。兩國協議出兵的，當然要兩國協議以後撤兵。美國對於日本既然連招呼也沒有片面地這做，以後日本到底要繼續駐屯軍隊，撤不撤兵，或增減兵員，日本將不與美國商量，自行決定，美國將無異議吧。」

對此國務卿回答說：

「您說得對。我相信美國不會有任何異議。」

我回到大使館，把藍辛所說的話，憑我的記憶把它寫在說，「根據我的了解，您是這樣說的，如果有錯誤，請您指正」，把它以書信的方式寄出。藍辛國務卿好像很困惑的樣子，他以公文回答：他說他準備請示威爾遜總統，不過現在是這種情形。

我覺得，日本的輿論是認為，美國一個招呼也沒有就先撤兵，實愚弄了日本，因美國政府以公文承認日本行動之自由，以此為契機，日本不失其面子能夠立刻撤兵，我為維護日本的面子，費盡了苦心。

可是日本陸軍卻濫用，以為既然以書面取得自由行動的權利，自不必客氣。於是反而增婆許多兵力。我的費心完全泡影，甚至往相反的方向發展。增援兵力的結果，有沒有獲得有益的目的了呢？由此浪費諸多公帑，徒增列國對日本之猜疑。前車覆後車戒。

藍辛：白令海問題之美國法律顧問，後來出任國務卿，在第一次世界大戰扶助威爾遜總統有貢獻。一九一七年簽訂「石井．藍辛協約」。

佐分利公使之怪死事件

北京關稅會議

我擔任外務大臣時，在北京召開了關稅會議。因為在華盛頓會議時，曾約定要修改中國的關稅制度。這是它的結果。而在這個會議，在列國代表面前，始終扮演主導角色，獲得成功的就是佐分利貞男君。日本之代表是日置（益）公使，是首席全權代表，但事實上運作會議的不是日益君，而是佐分利君。佐分利君以列國之秘書長資格主導，什麼事都以他為中心商恰和運作。

會議開始，中國就提出要恢復關稅的自主權。對此日本率先表示贊成。因此日本遭受到列國搶先偷跑的非難，日本政府對於這個問題自始就是要贊成的方針。我記得以如果列國步調一致反對關稅自主權，對中國將會有不好的結果，所以我曾事先對英美兩國代表提醒這件事。

那個時候，赴任中國之外國使臣，大部分經由日本，前來東京。因此在會議之前，我都與英國的代表和美國的代表見面。我對他們這樣說：

「此次會議，中方重視的可能是恢復關稅之自主權。如果同意其關稅自主權，中國或許會隨意課稅，對列國是為難，但如果不同意則很不公平。日本的歷史就是這樣。安政條約以來，片面地被綁的稅權，最後與各國逐漸修改通商條約以恢復。這是獨立國家之間當然的事。即使中國濫用關稅自主權，實行非法之稅率，以妨害列國之通商，長遠來看，不可能永遠實行這樣非法的關稅制度，到中國感覺其不利時，她會作適當之改廢。」

我曾經這樣提醒和注意他們，所以不能說是日本偷跑而抱怨。

這個會議的結果，也提出了整理借款問題和治外法權的問題，在這些問題尚未獲得解決以前，蔣介石之北伐軍迫近，北京政府無法維持下去，會議事實上解散。但有關條約還是成立了。

手槍之謎團

爾後佐分利君出任北京的公使，為商量事而回國。他跟我商量了兩三天。因已經得出結論，故他表示：

「非常愉快。這樣我可以回中國去了。不過今天我要去划船玩玩。」他是搖櫓的能手。他住在帝國飯店。他則去逗子，玩一葉舟一陣子。

爾後他突然改變想法，到箱根去了。是晚上去的。因他對於那裡的地理極為熟悉，走黑暗的夜路登上了長尾山登，當天晚上住在宮下之富士屋（旅館）。那天晚上，死得不明不白。

他以手槍自殺。我一得此消息立刻趕往箱根，大流悲嘆之淚，但對於他之死，我很難相信他是自殺的。他的右手拿著手槍。但手槍的子彈是從左邊的太陽穴進去貫中至右邊。這就怪了。以右手打手槍，應該是從右邊太陽穴打進去才對。以右手特意打左邊太陽穴，不能說不能打，但不正常。問題在這裡。

對於佐分利之死，中國有這樣的風聲。他想為中國作有利的解決而回國。怕因在東京有人作梗，故未能達到目的。他空手不能回去任所，因苦惱而自殺。但這完全是虛構之臆說，我商量的是全部解決，他很開心地玩去了。這是絕對的事實。我自不在話下，他的同事朋友，都想不出他非自殺不可的任何理由。

另外一件令人無法理解的事是，他用的手槍不是他自己的手槍。與佐分利形影相隨為他服務的茶房來看說，這支手槍不是佐分利的手槍。於是打開他的皮包，他的手槍在皮包裡。那麼他手上的手槍是那裡來的呢？無法判斷。下山國鐵總裁之好慘的橫死，至今不明白其為自殺或是他殺，當時的佐分利之死也是一樣。總之，當時之佐分利的勤奮之工作是非凡的，尤其是為中國做了極麻煩的工作。我覺得中國人應該大大地感謝他。

浜尾氏之長電話

關於佐分利君，有許多逸話。他從前為昭和天皇教過法文。風評非常好。他多年在法國滯過，精通法文，但作為外交官很不方便。他說他很想到英語國家去學習，我立刻同意。遂內定要把佐分利君調到華盛頓，因浜尾先生在宮內省做昭和天皇的輔導工作，便請浜尾先生免去佐分利君之法文的教學工作。

不久，非常冷的一天，浜尾氏來電話說，佐分利君不能走。因為沒有人能教天皇法文，很難找到比佐分利君更合適的人。浜尾氏在我在大學生時代所尊敬的老師，他以他那種口頭禪「嗯，嗯」，說了五十分鐘左右。我在沒有火爐的房間，冷得要死，加以我身體又無法忍受，因此我遂對他說「我明天去看您」，想掛斷電話，老師卻說：

「不行。這是我要拜託你的，所以應該由我到府上，你要來不合道理」，不肯接受。我幾乎要暈倒。後來聽說浜尾氏把電話筒放在火爐上，說著「嗯，嗯」，當然講再久也無所謂。據說，因為浜尾氏這種長電話，有人（忘其名字了）因此得了肺炎而去世。

隔日，我告訴佐分利君，浜尾說很困難，他便說：「我去跟他說」，並遂去和浜尾氏直接談。他打電話給浜尾氏說：「今天晚上去拜訪。」佐分利認為將花一個晚上，因此晚飯吃得飽飽得去。據說，他們談到凌晨兩點，浜尾氏開始困了便說「您既然那麼堅持，好罷」，佐分利說「謝謝」而道別。

在華盛頓時，佐分利應前外務省囑託佛列利克，姆亞氏之邀請，住在他家裡。他們很歡迎佐分利，待他很好，譬如星期天，其家族便開車帶佐分利到處玩。這種生活，一般日本人會覺得很麻煩，但佐分利卻覺得不在乎。不是因為他年輕過世我才這樣說，他是非常能幹的一個人，頗具有為之天資，應該前途無量，實在可惜。

浜尾新：兵庫縣出身，曾任東京大國大學校長一九〇七年授男爵，任樞密院顧問官，一九二四年出任東宮皇太子大夫，東宮御問所副總裁一九二二年樞密院副議長，一九二三年任樞密院議長，一九二五年去世。

直奉戰爭與日本

張作霖與日薪遊行

一般人多不知道，我擔任外務大臣時，我曾經請辭過一次。那是一九二四年夏天，上任不久以後的事。那時張作霖的奉天軍和吳佩孚的直隸軍在交戰。即所謂直奉戰爭。直奉兩軍打過兩次仗，當時的第二次直奉戰爭對於奉天軍不利，張作霖究竟能不能站得住成為很大的問題。如果吳佩孚突破山海關之線，侵入東三省，東北之秩序將陷於混亂，日本人在那裡多年來建立的各種利權可能遭受到蹂躪，民間由之深感憂慮，持著支持張作霖之旗子的示威遊行隊伍蜂擁而至外務省，大罵外務大臣優柔寡斷。

有一天，我正在與英國大使會面時，示威遊行者，竟侵入到我辦公廳隔壁房間，亂摔桌子和椅子，甚至把它搗毀。秘書的高尾亨君告訴他們，英國的大使在隔壁房間，不要亂搞，這樣不好看，高尾竟被他們毆打。不久警察趕來，把肇事者帶到警察分局。警察問他：「你們扛著援助張作霖的旗子，你們知道張作霖是誰嗎？」「我怎麼知道。」又問：

「你們知道什麼是直奉戰爭嗎？」回答「是不是像日本之政友會等人的打架？」

總之因擁至官方，確有暴行，破壞器物，故麴町警察署（警察分局）告訴要扣留他二十九天。他哭著說：

「這實在太不講理了。我才拿到三天的工錢。現在要扣留二十九天，這真是划不來。請你給頭子說情給我補發二十六天的工錢好不好？否則我的損失太大了。」

麴町警察署長來向我報告這種情況，而互相大笑一陣子。現在的情況不知道怎麼樣，當時就有這一種可笑的遊行示威。

堅持不干涉政策

這雖然是一場笑話，但事態卻相當嚴重，輿論也日益沸騰起來。閣員之中，有人主張在直隸軍還沒侵入東三省之前，應該出動若干軍隊至山海關與奉天（瀋陽）之中間地點，作為兩軍之緩沖地帶，也有人建議給予張作霖所需的武器和金錢等援助，在那裡思考。

因得到奉天軍危險的緊急消息，遂召開了內閣會議。農商務大臣高橋是清等，滿面憂色，為防止東三省陷人戰禍，開始主張恐怕只有援助張作霖之一途。但我舉出三個理由絕對反對。第一是，政府前此在內閣會議決定不干涉中國之內爭的方針，並曾對中外聲明過。援助一方就是干涉內爭，顯然違反前述之嚴肅的聲明，遵守國際間之信義與否，是關係國運之消長的重大問題。

第二，即使是吳佩孚乘勝入侵東三省，要進軍到瀋陽必須橫渡南滿洲鐵路。由於日本在條約上在滿鐵地帶擁有駐兵權，要橫渡南滿洲，必須與日軍鐵路守備隊交戰，並予以擊破才有可能。但直隸軍長驅接近瀋陽時，應該已經沒有日本之精英交戰之餘力才對。又即使吳佩孚統治滿洲，與張作霖一樣，要使他尊重日本之既得權利也絕不是不可能。

第三，馮玉祥軍現今與在張家口方面整備其兵旅。馮玉祥與吳佩孚之間有宿怨，所以馮玉祥不可能袖手旁觀吳佩孚稱霸東三省。即張作霖和吳佩孚在山海關爭乾坤一擲時，將是馮玉祥蹶起之良機。若是，吳佩孚將被斷絕其後方，只有抽退，此時張作霖軍必將恢復其氣勢。情勢是這樣，因此我國應該採取不動如山的態度，是最好的方策，故我堅決反對援助張作霖。

可是內閣會議卻議論紛紛，無法作成決定。加藤內閣是護憲三派湊成的內閣，政友會派堅持所謂積極政策，不肯讓步。由於爭論不休，加藤首相遂宣布休息，並請我到鄰室，問我有沒有妥協的餘地。我說：

「我不能改變我的信念。我的這個想法是不能妥協的。如果首相和全體閣員不能接受我的意見，要援助張作霖，我相信不會因為我的辭職而動搖內閣的基礎，所以讓我辭職。就是改組內閣，採取新外交政策，將是解決問題的最上策。我已下定決心，因此我帶來了辭呈。」

話畢，我便把辭呈拿出來。對此加藤首相表示：

「我是想確認您的決心的，不是要您提出辭職。您既然這樣決心，要貫徹不干涉中國內爭之方針我無異議。」並把辭呈還給我。隨即召開內閣會議，但沒有作出任何結論就散會。

直奉戰爭：直奉戰爭前後打過兩次，第一次是一九二二年，第二次為一九二四年。這可以說是北方兩大軍閥之爭霸戰爭。第一次戰爭，張作霖的奉天軍敗於吳佩孚的直隸軍。可以說是張作霖之復仇的第二次戰爭，於一九二四年十月，以山海關為中心，為民國會戰史上稀有的大規模展開，因馮玉祥之襲擊北京，山海關之交戰對吳佩孚不利，終於一敗塗地。

張作霖：東北的軍閥，乘第一次革命後袁世凱失勢時掌握了奉天省之實權。兩度直奉戰爭擴張其勢力於華北，從安國軍總司令，隨國民革命軍之北伐起緊就任大元帥，一再敗退，一九二八年撤退北京，在奉天被日方炸毀列車而死亡。

吳佩孚：直隸派軍閥之總帥，敗於第二次直奉戰爭，退居湖南，一九二六年與奉天軍連手對抗北伐軍，反而為蔣介石所破。曾在河南欲東山再起失敗，中日戰爭中之一九三七年日人請其出任維持會長，不久身亡。

馮玉祥：中國親蘇軍人。受孫中山影響。與郭松齡聯手欲打倒張作霖失敗，一九二六年參加中國國民黨，二八年北伐在平漢方面破奉天軍。屢次發起反蔣運動皆失敗，中日戰爭中曾任軍事委員會副委員長。

佩服高橋是清

內閣會議那一天晚上，在首相官邸舉行了全國商業會議所代表之招待會，閣員皆出席。開餐廳時刻外務省來了電話。該官員說北京公使館剛剛來火急電報。它說，馮玉祥軍由張家口動身，其先鋒迫近北京，城內上下一片混亂。我頓覺該來的來了。經過大約一個小時，來了第二封電報。馮玉祥軍之先鋒已經進人北京。吳佩孚軍被進攻背後，由天津方面開始撤退。由此山海關方面之直奉戰爭，事實上已經結束。我向首相耳語此事，請他宴會完了之後馬上召開臨時內閣會議。

在臨時內閣會議席上，我報告了這個電報說，給閣員諸君增加許多心勞，現在滿洲已經不會受戰禍之連累了。對此坐在正對面的高橋農商務大臣突然站起來，繞桌子一圈，跑來用兩隻手緊緊握著我的手很高興地說：

「太好了，太好了。因為你的堅持，日本得救了。如果按照我們的主張，秘密援助張作霖，一定對列國抬不起頭來，我們必將進退維谷。由此日本的利權得於保全，日本之信用得以維持。這實在太好了。」

高橋就是這樣一個人。剛才以優國之一念與我激烈爭辯的他，聽到時局之好轉，遂不拘泥於自己立場和面子，反而高興對方主張之能夠實行，其光明磊落之心情真是非常寶貴。我突然有一點幾乎要流下眼淚，從此以後，我開始對於高橋翁具有無限之尊敬和希望。

爾後召開國會，因為普通選舉法案等各種麻煩的問題，開會都開到半夜十二點鐘左右，覺得無聊時，高橋農相便來喊我說：

「喂，有事。來一下。」

我一去他的辦公廳，他就說「米茶如何」並端出茶來。茶壺裡頭裝的是酒。其所以叫做米茶，是因為美國禁酒時代，在大飯店叫酒，他們就用茶壺送來。財政部長得到這樣的啟示，在國會內喝一點點酒，如果給記者看到會很麻煩，因此就說是「米茶」，而喝著茶壺的酒。他選擇我作他的伙伴。我從華盛頓會議時生病以來，一直被禁止喝酒，但本來是巒喜歡喝酒，故遂被他拖下去，又開始喝酒。

高橋是清：舊仙台藩士，從日本銀行總裁於一九二三年出任山本內閣之大藏大臣（財政部長），入黨政友會，一九二八年再度出任原敬內閣之大藏大臣，原首相去世後被推出任政友會總裁和內閣總理大臣。一九二四年，護憲三派內閣農商務大臣，隔年退出政界，一九二七年又應邀出任大藏大臣，為安定財界盡力，一九二八年第五次出任齋藤內閣之大藏大臣。一九三六年二二六事件被暗殺。

田中義一與森恪

第一次若槻內閣之後成立政友會內閣，田中義一氏出任內閣總理大臣兼外相。我在貴族院，質詢過田中內閣出兵山東的問題。內容是田中外相一直提倡積極外交，主張採取強硬政策，外交有強硬外交和軟弱外交嗎？如果有，在那裡？如果外交有積極和消極之區別，其差異在那裡？我現在所舉一個例子請教，即田中內閣出兵山東省，這算是積極政策，還是消極政策？出兵好像是積極。但其結果沒有得到任何東西，完全是負面的。我問他這到底是消極政策，還是積極政策。

對我的提問，田中首相發呆沒有站起來。不曉得森恪君還是誰寫了一張紙條遞給他。於是田中首相站起來讀它，結果完全是答非所問，說「提到雙方外交之差別，您說沒有，沒有才是正確的」，不得要領。但田中首相本身非常清楚我在問什麼，所以在走廊碰到時他說「你問這問題讓我為難。」

田中義一氏和我，在個人交情上算不錯的。我在倫敦擔任大使館參事時，田中氏為考察歐美，曾來倫敦。那時我陪他到好多地方，參觀名勝古蹟。從此以後我與他很熟。但他的出兵山東的確是失敗的，不但對日本毫無利益可言，而且只有讓中國人埋怨而後已。

炸死張作霖事件

發生炸死張作霖事件時，我曾經對內外義務宣傳此事與田中沒有直接關係。記得當時，滿鐵社長山本條太郎君與張作霖之代表在北京進行談判，獲得滿鐵支線之建設權契約。同時決定在瀋陽正式簽字。公佈這件事以後，田中首相似乎認為這對於田中外交有幫助。可是張作霖由北京回來時，在瀋陽附近被炸，終於死亡。田中首相當然期待張作霖能順利回到瀋陽，在條約上簽字。惟因張作霖被炸死，一切歸於烏有。因此我自動宣傳張作霖之被炸死，田中首相沒有責任。

田中義一：出生於山口縣獲町。一九一八年出任原敬內閣陸相，一九二一年晉升大將，二五年就任政友會總裁，一九二七年組閣。因狹心症去世。

森恪：政友會鬥士，一九二七年出任田中內閣之外務政務次官，一九一九年至一九三〇年出任政友會幹事長，一九三一年犬養內閣書記官長，一九三二年去世於鎌。

山本條太郎：出生於福井縣。從三井物產公司進人政界，一九二七年田中內閣時出任滿鐵總裁。政友會之長老。

蔣介石與鮑羅廷

記得是一九二七年，蔣介石之北伐軍從廣東出發進入漢口。早他先一步俄國顧問鮑羅廷到達漢口。蔣介石一抵達漢口，看到街上到處貼滿好大傳單「歡迎鮑羅廷」、「鮑羅廷是革命的權威」等文宣。不但如此，鮑羅廷在漢口占領最好的大樓，在那裡稱霸。據說鮑羅廷曾下命令沒有他的許可，任何人都不得對國民發出佈告。「歡迎蔣介石」的傳單一張也沒有。

這個鮑羅廷帶著口譯員上街頭演講。其演講說：「我們必須根本改革中國」，開口閉口「我們」。民眾聽了以後罵：「什麼，說是我們，看他的臉，這個傢伙根本是個洋人。對於我們，好像是一個帝王，自吹自播，真是豈有此理。」聽眾之中也有日本人。漢口之領事將此事報告到外務省。我以為這是的鮑羅廷失敗的開端，並特別留意。

青年軍官之憤怒

蔣介石軍爾後下長江，進入南京。這個軍隊裡頭有臨時招來的士兵，據說也有沒受過訓之共產分子的士兵，他們到南京一看外國人就大事施以暴行和掠奪。英美兩國人之中各被殺死一、二人。很幸運，日本人沒有被殺死，但與他國僑民一樣，曾遭受徹底的搶奪。

當時，南京之江岸，下關有三支外國砲艦。日、英、美各一支。英美之砲艦以其國民被殺，向認為為蔣介石之根據地的地方，炮轟一個小時左右。只有日本砲艦沒有參加砲擊。

英美之砲艦停止砲擊之後，令兵員登陸與中方之指揮官開始談判。但中方只是唯唯諾諾，根本談不上談判。於是向在上海的艦隊司令官報告，聽其指揮。這傳到北京，成為外交團的大問題。

當時不知道是誰說出來的，放出說幣原外相下達禁止日本砲艦開砲之訓令的風聲。無須說，我根本沒有指揮軍艦之行動的職權。這是南京的日僑，聽說出兵西伯利亞時，在尼克來也夫斯克，大量殘殺日本僑民，以為如果日本軍艦開砲，將不只是暴行或搶奪，恐怕有生命的危險。因此僑民哭求艦長，「千萬不要開砲。」艦長接受他們的哀求。艦長自己把此事放在心頭，沒有告訴任何部下，沒有下令開砲。發生了這樣的情事。而其部下的年輕軍官，不知父母心，以為我禁止其開砲，因此憤慨，由之國內之眾怒也集中於我身上。

談到軟弱外交，我想到另外一件事，就是一九二七年三月南京事件之後，四月發生漢口事件時，英國大使以事態嚴重，建議日英共同出兵。我以日本緊急時會召開緊急內閣會議，以決定方策，我說目前沒有出兵的必要，而沒有答應英國所提日英共同出兵之建議。

這後來成為國會的問題。說英國之提議為千載難遇之良機，為什麼不共同出兵？外務大臣是優柔寡斷，怠慢於保護在外僑民之任務，集中攻擊我。我只說在當時的狀況，認為沒有出兵的必要。

不知其去向的最後通牒

得到在南京之蔣介石軍的殘殺事件之報告的外交團，立刻召開了外交團會議。由於當時中國沒有真正的中央政府，所以不知道應該和誰進行談判。北京有張作霖，但其勢力只及於華北和滿洲，並不及於華中和華南。與蔣介石是敵對的。因此與張作霖談也沒有什麼用。該時議論紛紛，最後決定把最後通牒交給蔣介石。而且決定了通牒的文字。

這是極為激烈責問蔣介石的文書。這個最後通牒經過各國政府之同意，令在上海之艦隊司令官，通告蔣介石，立刻要採取行動。這是外交團的決議。於是北京的公使館來電報請示我。

接到這個電報之後，我分別請英國和美國的大使前來外務省。問：「您們有沒有收到北京外交團這種決議的電報？」回答「有」。於是我說：

「對此貴國政府將採取何種態度，我不干涉，但日本政府必須請您們明白日本之態度。對於這個最後通牒，蔣介石將如何處理，只有兩個方法。即接受或拒絕。如果全盤接受，他必將被民眾攻擊他是膽小鬼，作了國恥性的讓步。蔣介石之立場，當時在國內還沒有穩固，一受到年輕人的全面攻擊，蔣介石政權可能崩潰。蔣介石政權一崩潰，國內將陷於混亂。這樣您們的問題或許不大。您們的僑民不多，要逃能夠逃。但日本有十幾萬僑民，很難能夠迅速全部移到安全的地方。即使要出兵，也需要一段時間。此時將有許多人恐怕免不了被傷害掠奪。反此，如果蔣介石斷然拒絕列國之最後通牒將會如何呢？您們只有共同出兵，以炮火予以懲罰之一途。但這必須慎重考慮。

任何國家，跟人一樣，心臟是一個。但在中國，卻有無數的心臟。如果只一個心臟，把那個心臟搗毀了就行，其全國將陷於痲痺狀態。譬如日本是東京，英國為倫敦，美國是紐約，假使被外國砲擊毀滅，全國將變成痲痺狀態。交易將全部中斷。銀行、許多設施之中心將被控制，必受致命性之打擊。但中國這個國家卻有無數之心臟，即使消滅其一個心臟，還有其他心臟在動，其脈搏不會停。我們不可能一下子把全部心臟打掉。因此欲依冒險政策，採取武力來征服中國，很難預測何時能夠達到其目的。

這種事，貴國也許無所謂，但與中國具有很大利害關係的日本，我不想參加這樣的冒險。所以，日本不參加這個最後通牒的連署。這是我最後的決定。請您將這個意思轉達貴國政府。」

對此英、美的大使都表示：「您的意思明白了」而回去。

對於這個最後通牒，要如何處理，以英、美為首，任何國家都沒有聯絡。可能因為最靠近中國之日本不參加使用武力，如果只有他們去發動戰爭，恐怕陷入不可測的泥沼划不來。因此這個最後通牒終於不知其去向。

在另一方面，我曾透過人忠告了落介石。不是以外務大臣，而是以個人身份，希望他儘早與列國商量，下定決心該賠償的就賠償，應道歉的就道歉，以一掃紛爭之原因。好像知道了我的意思，蔣介石這樣做了。不久日本與列國也談妥，遂開始談判，作了加害者的處罰，付了賠償金，完成了南京事件的善後。

鮑羅廷：蘇聯之革命家。因一九二三年孫中山與越飛之協定，出任廣東國民政府之最高顧問，指導中國革命。一九二七年，因國民黨左派敗於蔣介石而回國。

中東鐵路之紛爭

中國出於強硬手段

一九二九年七月左右，蘇聯與中國之間發生了中東鐵路問題之紛爭，因而斷絕邦交，幾乎將干戈相見。前此我在整理資料時，發現當時之記錄，因為想起這件事，今日來說說此事。

原來俄國，在其帝政時代，獲得中東鐵路之經營管理，和為其所需要之駐兵權，為中東鐵路之事實上的所有者。可是帝政倒台，與成立共產政府之同時，這個鐵路的警備隊也自然解體。於是中方乘機配置中國軍隊於鐵路沿線，逐出留下來之俄兵，片面地收回了警備鐵路之權利。

又關於中東鐵路之管理經營，因一九二四年五月之中東鐵路暫行管理協定，以及該年九月之中俄協定，中方和蘇方大致均等，共有鐵路，從前俄國所擁有權利之一半，由中國所收回。可是中國政府還是不滿意，乃意圖全部收回蘇聯之利下權益。為此首先著手的是，中國官警出於搜查哈爾濱之蘇聯總領事館之住宅的非常手段。並稱扣押了蘇聯當局利用中東鐵路公司從事赤化運動之事實的有力證據，以這樣的理由，監禁和驅逐該公司之蘇方職員和工作人員。

對於中方之高壓手段，蘇聯政府聲明與中國斷絕邦交，集中軍隊於滿洲之國界，真是一觸即發，大有採取軍事行動之情勢。

對於中蘇國交之斷絕，蘇聯也通告了日本。我以外務大臣的身份，立刻召見蘇聯大使，以口頭非正式地一再說明：

「對於中蘇之紛爭，我固然沒有立場批判其曲直。惟因日本與貴國訂有非戰條約，與中蘇兩國政府具有最密切的關係。對於中蘇兩國邦交之險惡事態，日本非常關心，蘇俄官警如不盡和平解決的方法，突然使用武力，事態將如何發展？思考遠東之安寧，以至對世界和平之影響時，我們誠不勝憂慮。」

中東鐵路：俄國，中國，中國政府出資於一九〇一年所完成，決定從開始運作三十六年後，中國政府有收回的權利，八十年後，具有無條件收回之權利。鐵路附屬地，沿線礦山開採權，森林砍伐權，松花江之航行權等等，有幾多附屬權利，中方於一九二〇年以強力手段開始回收鐵路警備行政權，一九二三年，張作霖命令禁止蘇聯輪船航行松花江，屢屢發生紛爭，一九二四年，蘇聯，中國政府之間成立十五條之大綱協定，規定鐵路員工中蘇人數各半，前述無條件收回之年限由八十年改為六十年等等。一九二八年，發生了建值要用大洋銀建立了紛爭。

多羅亞諾夫斯基：蘇聯之共產主義者。參加革命運動，一九〇九年被捕宣告終身追放，亡命國外。一九一七年參加十月革命，一九二七至三三年出任駐日大使，後來出任駐美大使。

蘇聯大使回去以後，我又請來中國公使汪榮寶氏，並坦白說：

「我作為中國誠實之友人，現在我有秘密請中國政府注意之事。就是據說中國官警搜查了哈爾濱蘇聯總領事館之住宅，這是國際慣例上極少有類似之慣的非常手段。其後發表說扣押蘇方利用中東鐵路從事赤化運動之事實的證據物件，但其所謂證據物件至今並未發表。因此世上往往表示懷疑。如果有絕對的證據物件，中國為什麼不提出來，正式向蘇俄政府抗議，以外交手段究明其責任？不以當然的外交手段，出於否認條約上之蘇方之權利，參與中東鐵路之經營管理的蘇方權利，對於蘇方之軍事行動，給世界列國宛如中國政府有挑撥之責任的印象，使中國在國際上立場很不利。我也預感到中國輿論之反應，希望特別慎重其行動。」

秘密外交之成功

可是事態演變到此種地步，蘇聯和中國都很難往後退。逾至十一月底，美國政府遂以公文對於中蘇兩國政府，嚴肅地促請其留意非戰公約之規定，予以警告。同時提議全體非戰公約加盟國採取同樣的措施。由此法國是非戰公約提案者之一員，故贊成美國之措施。但日本政府認為這樣正式的措施，將刺激受到警告之國家的感情，很難收到預期的效果。而且日本在國際上的立場又和美國不同。

日本與中蘇兩國的關係，密切而復雜，動輒有可能被捲人紛爭之中，因此不採取正式提議的方法，而對於當事國雙方非正式地交換意見，努力於保持緊密之接觸。而與兩國代表之會談，約定一切不公開發表，所以很能夠圓滿溝通。反此，美國、法國等其他之正式警告，皆引起當事國之反彈，毫無效果。

旋即我得到蘇聯軍越過國境進人滿洲里，往海拉爾去的情報。我立刻邀來蘇聯大使，一再請蘇聯政府能反省說：

「日本國民雖然不喜歡插嘴中蘇之紛爭，但對於滿洲之事態，具有特殊的歷史上因緣，在傳統上極為敏感。任何外國軍隊侵人滿洲內和占領，日本人之人心很容易興奮。這是日夜希望改善日蘇國交之我們最大的憂慮。」

不久，蘇軍停止在海拉爾附近的進軍，中蘇間開始直接交涉，繼而撤退至其國內。

中國對於防止赤化期待列國特別是日本之支持，似以赤化為口實，以排除蘇聯之中東鐵路之參加權。當時，作為風靡中國收回外國利權運動之一環，對於蘇聯乃出於這樣的高壓手段。發表其所扣押赤化運動之證據物件是當然的，至少應該給我私下看，但卻沒有這樣做，可見很難能令人家相信其所作和所言。

總之，這個事件，曾至很危險的地步，幸好未發生戰爭，我在兩國之間如果不守一切秘密，予以公開發表的話，會怎麼樣呢？由於兩國都有面子問題，一定會在世界面前，堅持自己國家之立場，而至於爆發戰爭。新聞記者諸君或許非難我和攻擊我，惟因我作了這樣的秘密外交，我相信和自豪曾迴避了這個危機。

而幸運的是，中國公使汪榮寶，和張學良個人有深交，故據說能將我很露骨的話，使對方不會產生疑惑，而轉告了張學良。不管是誰，是很難聽得進去平常不覺得好的人所說的話。

以上是二十年前的老話，今日蘇聯和中共打架，要由日本調停是不可能的事，所以令我有今昔之感。

日本和中國，在傳統上，有過多年的不幸。杯葛日貨，每年都一定會發生。由於因中東鐵路問題所產生北滿事件，中日之空氣好轉許多，張學良也對日本態度好了很多。不發生杯葛了事議。覺得很不錯時，卻突然來了槍聲，發生柳條湖事變。當時，任何人都沒有想到：這個九一八事變竟會成為日本戰敗的遠因。

倫敦海軍條約

說服若槻

關於海軍之裁軍，如前面所述，第一次裁軍會議在華盛頓召開，以協定主力艦即戰鬥艦之兵力量。但對於巡洋艦及其他補助艦，因會議期間很短，這些問題留待以後解決。以為補助艦等以後再談不應該產生什麼問題，但哪知一切國家的戰鬥艦都不足，因此欲以巡洋艦來補充。惟補助艦的大小，在華盛頓會議決議，不能超過一萬噸。可是一萬噸級的巡洋艦，如果予以精銳設計的話，即能夠具備次於戰鬥艦的實力。如果這樣下去，又將展開建艦競爭，因此又產生應該早日予以限制的意見。所以第二次裁軍會議便在日內瓦召開，惟因英美之意見未能一致而沒有成功。由之第三次裁軍會議便於一九三〇年在倫敦舉行。

那是浜口內閣的時代，我們對於會議之主旨也同感。但由誰擔任全權代表去倫敦呢？這成為大題。因為沒有人說自己願意去。不要說專業的海軍軍人，文官也不願意碰這個問題。這是因為議題的性質上，一定會有人不滿。因此我們絞盡腦汁物色的結果，只有請前首相若槻禮次郎氏出馬，於是由我去拜託他。

可是若槻君卻怎麼也不肯答應。我說：

「本來你就不是軍人，也不大懂海軍的事，一定會為難你，因這與國家財政有關的重大問題，故請你為國家盡全力。」

因我說盡好話和道理，他終於答應了。因怕他改變主意，所以趕緊準備一切，請他匆匆忙忙地出發。

腦筋超群的若槻君，在前往倫敦的船中，完全研究好海軍的事，以至什麼都懂。因此在倫敦，在外國全權代表之間，甚至於產生他究竟是文官還是武官的問題，英國和美國也有海軍的專家，刨根問底。對此若槻君不與任何人商量，皆能應答如流專門性的問題。因此他們非常驚愕，而稱若槻為「文官提督」。他就是如此精通於海軍了。除若槻首席全權代表外，全權代表還有松平（恒雄）駐英大使、財部（彪）海軍大臣，此外海軍有安保清種大將、左近司政三中將、山本五十六大佐等，開會期間，對方的海軍，似乎也曾經吵吵鬧鬧過。以英美為對手的會議，幾乎要決裂，要如何辦理並來了請示的電報。這只有下決心簽約。一一聽著海軍軍人的說明，那是聽不完的。不要太重視軍令部長加藤（寬治）之說法，我們就斷然決定了日本的海軍兵力。

巡洋艦之比率也是一個問題，但潛艇之保有量也是相當的問題。我不是很清楚，關於潛艇，海軍主張，繼承所謂德國之秘傳，只要能保有日本所主張之數量，就沒有問題。海軍一直珍惜這一點，但最後日本讓步了。英國從華盛頓會議時候，就極力主張要全面廢止潛艇。結果是互相妥協。

松平恆雄：出生於福島縣會津，一九二三年出任外務次官，一九二四年駐美全權大使，一九二七年駐英大使，一九三〇年倫敦裁軍會議全權委員，一九三二年裁軍會議首席全權代表，為秩父宮妃殿下之父親，一九四九年去世。

財部彪：宮崎縣出身。一九二三年出任加藤友三郎內閣之海相，又在加藤高明內閣和浜口內閣擔任海相，一九三〇年倫敦裁軍會議全權委員，與軍令部意見對立而辭職，爾後出任軍事參議官。

安保清種：出於生佐賀縣。一九二七年海軍大將，一九三〇年倫敦裁軍會議全權委員顧問，若槻內閣之海相、後來為貴族議員，男爵。

左近司政三：山形縣出身。海軍中將，倫敦裁軍會議隨員，退出軍職出任北庫頁島（日文為北樺太）石油會社會長（董事長），第三次近衛內閣之商相，一九四五年鈴木內閣之國務大臣。

海軍內部之對立

在倫敦裁軍會議，海軍內部有對立。次官之山梨（勝之進）君為腦筋很好的人，具有公平的想法，而加藤軍令部長似乎最激烈。處於其間，軍事參議官岡田（啟介）大將非常賣力。把對立的海軍統合起來的是他的功勞。但加藤還不死心，而極力策動希望樞密院拒絕批准。

全權代表之財部君，幾乎冒生命之危險回國。在簽約之前，他似乎非常躊躇，但簽字之後，他的態度便是非常明朗，決心以此案貫徹到底。因此強硬派的人們便前往哈爾濱去迎接他，努力於說服他，但他堅拒。所以對於諮詢案他以海軍大臣身分副署，並向樞密院提出。

當時海軍之前輩的齋藤實子爵是朝鮮總督，財部君便在漢城和他交換意見。當時我並沒有把它講出去，那時我收到齋藤總督的私信。信雖然沒有明白說是海軍內部，說不要聽有什麼道理的話，而破壞這個重大問題，要完全無視這種謬論英往邁進。這是簽約以後的事，在海軍內部議論紛紛之前，齋藤氏就這樣勉勵我們。

山梨勝之進：宮城縣出身，倫敦裁軍會議當時之海軍次官，一九三二年海大學校校長，後來出任學習院院長。

岡田啟介：出生於福井縣。海軍大將。一九二七年田中內閣及一九三二年齋藤實內閣之海相，一九三四年組閣任首相，一九三六年二・二六事件被叛軍襲擊而辭職。

齋藤實：岩手縣出身，子爵，一九〇六年第一次西園寺內閣，第二次、第三次掛內閣，山本內閣之海相，朝鮮總督，一九三二年組閣出任首相。後來出任內大臣，因二・二六事件被叛軍殺死。

準備與樞密院正面衝突

海軍條約之諮詢案既經提出樞密院，而樞密院之氣氛非常惡劣。在內閣，由浜口首相、財部海相和我三個人事先商量，認為這不是與反對論者妥協，或姑息方策所能解決。樞密院議員如果出於毫無道理的議論，決定將毫不客氣地予以反駁，不惜與其正面衝突。因此樞密院精查委員會提出各種諷刺而惡意的質詢，也要堂堂正正直言，以為周旋。由此樞密院可能認為政府有極大的決心，其態度突然軟化起來。樞密院之干涉政局，策動倒閣運動，是極少人之行為，不是所有的人都是這樣。他們覺得統統被這樣看待，要負連帶責任太冤枉，他們的步調便逐漸亂起來。

這是加藤寬治君辭掉軍令部長以後的事，樞密院建議要令其出席會議，表示其意見。對此建議政府嚴正拒絕。以後浜口首相在一個機會，公然表明政府之強硬決心。事實上政府有這樣的準備，即使內閣垮台，政局混亂，以其非政之責任，以貫徹強硬態度。

在另一方面，樞密院之精查委員會，以對海軍條約沒有好感之顧問官為主要成員。這是因為樞密院之事務局，受一部分顧問官之意，在各方面運作，只以反對討論者作委員所致。所以，外交通之石井（菊次郎）顧問官表示，這個條約應該予以批准，便不請他為委員。

條約案一提出樞密院，他們常常指出錯譯文字的問題來非難。海軍條約之原文是，在倫敦印刷的本文，用照像提出。因為是照像版，不會有錯誤。因照像版之逗點的一撇，有時候照不太出來，容易與句點混淆。這是句點嗎？不是，不是句點，雖然不大清楚，是逗點。就是爭這些。於是由樞密院打電話給外務省，要其像句點，沒有一撇的逗點改過來，這到底有多少，要外務省查沒有一撇的逗點。事務員拼命查閱的結果，沒有一撇的逗點多得不得了。於是很有耐心地把它找出來，並一一作記號。我們不知道這件事，但樞密院指出這些說，這樣不行，更說應該重新上奏。這件事後來在國會也遭受質詢，那樣我說這不是英語本身的問題，而是攝影機器好不好的問題。於是浜口首相說，我們以後注意就是了，而打了圓圈。那時在任何地方都在大事論戰。對於海軍條約，開始時來勢兇兇的樞密院，最後卻乖乖地在大會通過，奏請天皇批准。

代理首相

口首相遇難

我忘不了一九三〇年十一月一四日。這是浜口首相在東京車站被兇漢狙擊的日子。那一天早上，我為送要赴俄國出任大使之廣田（弘毅）君前往東京車站。一到車站，站長說：「現在總理大臣馬上會來，請在貴賓室等等。」「我不知道首相要到那裡，我與首相也沒有什麼事。今天我是送別人的」，故沒有去貴賓室，而往月台上去。因廣田君已經在那裡，便站著寒暄和聊天。突然聽到巴吉巴吉有如打手槍的聲音。我認為拍照的聲音。忽然，在附近的警察大喊：

「哎呀，被幹了！」而趕過去。我覺得很奇怪，並往那邊看，人一大堆，有人被抬走。那是浜口首相。

火車已開動，我告別廣田君，我欲趕緊到那邊去看看，但人太多，無法走過去。好不容易趕到貴賓室時，浜口君精疲力盡地躺在那裡。秘書的中島（彌團次）君幫他打開西裝，脫掉襯衣時大量出血。浜口苦喘而清楚地說：

「這是男子漢的願望！」並說：

「昨天之總預算的內閣會議也完成了，時期好」等等。

我制止他說：

「說話會出更多的血，不要講話」，因我在他會說話，故我悄悄地去了站長室。最要緊的是要趕快治療。遂打電給築地的林醫院、東京大學和慶應大學醫院，來了三位外科的權威。東大之鹽田（廣重）博士接到電話時正在上課，所以令學生等，遂趕過來。他一出去東大校門，就以電話亭電話把自己助手叫出來說：

「我要直接到東京車站，你趕緊拿輸血器，坐汽車趕來。」

三位外科的權威聚首商量要怎麼辦。鹽田博士說：

「這一定要開刀。我現在把他帶回大學醫院。這裡不能開刀。」

其他醫師擔心說：

「要把他帶到大學醫院，不會有生命危險嗎？」

「不，我要把他帶走。」

鹽田博士徹底地獨斷。旋即東大醫院內科的真鍋（嘉一郎）教授也趕到。鹽田博士對真鍋教授說：

「請把他帶到醫院去，我馬上過來」，於是把浜口首相送到東大醫院。後來聽真鍋君說，他在汽車內一直量著浜口首相的脈搏，到神田附近時還好，到了本鄉四丁目十字路口附近時，脈搏已經很弱了。碰巧遇到紅綠燈，車子開不過去。急得要死。好不容易把他帶到醫院，那時還有脈搏。真鍋君說：

「浜口君的脈搏如果在路上停了，將是我的責任，所以我非常擔心，幸好安全地到達醫院，下來由鹽田君負責，這時我才放了心，高興之餘，我流下眼淚。」

廣田弘毅：出生於福岡縣。進外務省經由駐蘇大使，在齋藤內閣和岡田內閣出任外相，一九三六年出任首相。在第一次近衛內閣又任外相，一九三八年退出政界，任貴族院議員，戰後被遠東國際軍事法庭判處死刑。

倫敦海軍條約之簽字是一九三〇年四月，其經過樞密院之審議批准為該年十月。浜口君中彈受傷，進東大醫院是十一月，我以首席閣員成為臨時代理首相，隔年召開第五十九屆國會，根據意圖暗殺浜口之凶犯的所謂斬姦狀，是由於對海軍裁軍之不滿，據說其中也有我的名字。所以在東京車站，如果按照站長之建議，我和浜口在月台北站在一起的話，我也很可能被打中。

若槻禮次郎君之《古風庵回顧錄》說，浜口被狙擊，那消瘦，還是令他出席國會，不能作這樣殘忍的事。這或許是為勸戒黨之諸君而說的，因當時的報紙也說，政友會強制他出席，因此若槻君非常憤慨。但我很知道其內情。浜口堅持他一定要出席國會。我們以為出席國會必將傷害身體，也沒有非出席不可的理由，勸他千萬不要出席，但他卻說：

「我不能因這件事受到攻擊，就以生病而在家。在國會回答各種質詢是總理大臣當然的職責。所以請不要阻止我」，而絕不肯接受我們的規勸。說好聽一點，這可以說是浜口的責任感，但不必那麼急得出席，是我們的想法。那是第五十九國會快要結束的時候。

干犯統帥權問題

在第五十九國會，發生了以代理首相的我「失言」政友會大鬧，因此國會休會十天左右的事件。在預算委員會，政友會的中島知久平質詢干犯統帥權問題。森恪君坐在他後面指揮大家。中島君質詢內容大約如下：

「真是豈有此理，所謂海軍條約，要緊的是是否要出兵，這一切都是要由天皇決定，這是大權事項。干犯大權，政府在做侵犯陛下之統帥權。」

當時，這種議論是非常嚴肅和麻煩的。它的意思是說，沒有經過天皇之允許，政府要刪除（減少）海軍之兵力諦結條約，是干犯大權。我在以前就說明事情不是這樣。

亦即對於倫敦條約，關於軍令部分，已經提出軍事參議官會議，並經其議決。譬如出兵及其他，軍之命令依天皇之勅命，而其勅命，要經過軍事參議官會議決，然後呈請天皇親裁。軍事參議官會議，海軍大臣也是其成員，當然要出席這個會議。換句話說，天皇之大權，係由軍事參議官來輔佐的。所以政府不可能干涉其事。惟海軍大臣是政府之一員，同時也是軍事參議院的成員，自然要協調這雙方的機構。所以我們軍以外的人，無從知道軍事參議院作了怎麼樣的決議，只有由出席該項會議之海軍大臣，奏請天皇批准海軍條約時，以其責任簽字，表示這不違反軍事參議官會議之議決。

為了要作這樣的答覆，我一開口就說：

「思考海軍條約為何獲得批准，我們就清楚它沒有干犯大權。」

於是森恪君舉了手。瞬間，政友會議員大叫「哇呀」。他們大喊我躲在「龍袖」。我繼續說：

「海軍大臣簽字奏請批准，不是政府沒有侵犯軍之權限的很好證據嗎？這同時說明政府沒有無視軍事參議官會議之決議。如果軍事參議官會議反對海軍條約，而海軍大臣簽字，那是海軍大臣與軍事參議院的關係，是海軍內部的事情。」

我是準備這樣發言的，可是他們卻在「哇！」「哇！」不讓我講話。因此預算委員會暫時休息。

預算委員會再度開會時，我準備出席，但其他閣員卻說很危險，勸我不要出席。我說「沒有什麼危險」，而出席了。我一出席，他們又開始鬧，委員長又宣布休息。我準備離開預算委員室時，室內一隅有暖氣爐。它不像今天的那麼好，所以露出外邊。有人躲在暖氣爐後面。我覺得有點奇怪這樣的地方有人，而走過這個地方時，這個人從我後面拉了我的褲子，那時如果我被拉倒了，當時有議員和旁聽者幾乎無立錐之地，有那麼多人要出去，由勢所推，這些人會倒在我身上，我必將被這些人踩得亂七八糟。我當然不知道有人搞這樣的臭謀略，我立刻回頭，拳腳，用鞋跟踢了這個人的額頭。他的額頭流血，並往後面倒下去。我若無其事地，悠哉悠哉由走廊走到我自己的房間。

這當然不是在宣揚我的勇敢，實不值得驕傲。這是瞬間的機智和靈感，因其額頭正中間受傷，所以一看就知道他是誰。這個人應該是政黨外圍從事政治活動的人，眉間受傷是一種恥辱，報紙也沒有報導他的名字，而不了了之。踢了人，使其受傷沒有事，這可以說是踢得好。

這種有計劃的暴行，好像不只是因為感情。據說，可以設總理大臣的代理，卻不能說其代理的代理，副代理在法律上是不能設的。所以，如果我受傷，不能出來，內閣只有倒台。那個人的目的可能在這裡。

中島知久平：群馬縣人。海軍機關大尉退官，創辦中島飛機製作所出任社長，成為日本屈指可數之飛機王。當選眾議員五屆，出任第一次近衛內閣之鐵路大臣，後來任政友會革新派總裁，戰後出任東久邇內閣軍需大臣、商工大臣，一九四五年以戰犯被捕輔，一九四七年獲釋，四九年去世。

安達與江木之爭

浜口首相在東京車站遇難之後，立刻住進東大醫院。所以暫時無法處理公務。於是閣員提議要設代理首相。為此同題，安達（謙藏，內務大臣）和江木（翼，鐵道大臣）產生糾葛。我因為不是黨員，不知道黨內情況，既然是政黨內閣，我認為由黨員閣員代理首相是天經地義的事。但江木君以從皇宮席位來說，閣員中我是排名第一位，因此要我作代理首相。可是有加藤高明氏生病時，不拘泥於皇宮席次，而由憲政會之副總裁格的若槻君代理首相的先例。於是我說，請從黨內找出適當的人選，我極力推辭。最後我說，以國會休會時即至一月二十一日為條件，我接受了代理首相的工作。江木君擔任法制局長官和書記官長多年，腦筋又好，非常熟悉法制之事。不懂法律規定時，大家都去請教他。告訴我不能沒代理總理大臣之代理也是他。

安達謙藏：熊本縣人。浜口內閣之內相，以俗稱「選舉之神」而馳名。後來脫離民政黨，組織國民同盟。

江木翼：山口縣出身。歷任貴族院議員、內閣書記官長、第二次加藤高明內閣、第一次若機內閣之法相、和浜口內閣與第二次若機內閣之鐵路大臣。法學博士，一九三二年去世。

我與浜口之友誼

那時我因患腎臟結石而很痛苦。其痛苦實無法以言語形容。但我覺得把這種痛苦說出來，必將使閣內更加不安，所以只有自己忍痛和忍耐。迨至一月十日左右，我表示要辭掉代理首相。國會一開會，一定會有許多問題。不懂黨務，也沒有資格代表黨的我，當然無法領導政黨內閣。我希望推出適當人選，讓我休息休息。我這樣跟他們商量。

商量的地方是赤坂滿鐵總裁的官邸。前來的是滿鐵總裁仙谷貢君、若槻君、山本達雄君和我四個人。

「不要那麼堅拒，繼續幹下去吧。」

「不行，不行。」

如此這般，說來道去，爭論不休，不得結論。於是山本君提出一個妥協方案說：

「明天我要去興津訪問西園寺公爵。我想請西園寺公爵作一個判斷。所以這個問題請暫時按下。」

我說：

「絕對不行。我知道山本先生的想法。想把我拉出來的人，說要去西園寺先生的意見，我不會上這個當。即使是西園寺先生的意見，我也不會接受。不行。」

聽我這樣說，山本君有點不高興，還是沒有得到結論，遂散會。

爾後，我去醫院看了浜口君。我和浜口君是大阪中學時代以後，一直是同班同學，在京都的高等學校（第三高等學校——譯者）也是同學。大阪中學是日本唯一之文部省（教育部）的直轄學校。換句話說，我和浜口君是小孩時代以來的朋友，我們兩個人感情非常好。因此我對於在病床上的浜口說：

「其實我不想讓你聽這樣的話，我為代理首相問題在傷腦筋。」

浜口默默地聽著，然後以很沉痛的表情說：

「不要這樣說，你把它當作是為了我，幫幫忙好不好？」並且留下眼淚。我受感動遂說：

「是嗎。對不起讓你操心。我雖然沒有把握，但讓我試看看。」

於是浜口非常高興，並說：

「拜託，拜託。」

由之我下定決心，要繼續代理首相下去。

山本達雄：大分縣人。曾任日本銀行和勸業銀行總裁，後任貴族院議員。第二次西園寺內閣藏相（財政部長），第一次山本內閣之農相，一九二〇年授男爵。又任齋藤內閣之內相，一九三四年退官，一九四七年去世。

腎臟結石跳出來

問題至此告一個段落，但不服氣的是安達君等黨的人們，他們對於排除他們在外的聚會決定代理首相非常不滿。但如前面所說，這並不是在那一次聚會所決定，而是我與浜口直接談判，因浜口君之哀求我才接受的。

國會又開始開會，我勉強代理首相，但如前所說，又搞「哇！」這不僅是反對黨的策動，黨內的不滿也隨之爆發的趨勢。但我又不能辭，有時候晉見天皇上奏，處理政務，此外雖不是代理總裁，黨的事也不能不管，就我來說真是苦難的時代。特別是國會，我因結石忍耐切身之痛，幾乎一點都無法休息。

國會結束以後，稍稍喘一口氣時，浜口君突然來了最後通牒。它說：

「我不能再安於屍位素餐，故要辭去總理大臣。請黨趕進選出總裁，請這個人來幹。」

我以這件事，只有敦請黨之前輩若槻君東山再起，別無他途可尋，故勸浜口君這樣作。起初若槻君堅辭，但後來似乎願意接受的樣子。為此事，已故伊澤多喜男君曾經來找過我。是晚上十一點鐘稍微過後的事。他來稍前，我到了洗手間。比平常疼痛，實在無法忍受。痛得全身咔嗟味嗟發抖。旋即咯當一個聲音，好大石頭跳出來，同時流血。遂打電話給醫生，醫生卻說：

「這要恭喜你。一切解決了。或許會有一點發燒，但那是出血的燒，沒有關係。」

正在這樣忙鬧時伊澤君來了。出來的石頭好像枇杷種子那麼大四角的輕石。因它從尿道出來，所以痛得要死，我現在還是忘不了那時的痛苦。但幸好若槻君出任總裁，組織第二次若槻內閣，因此我在精神上和肉體上，從痛苦真正獲得了解放。

齋藤實氏說：據稱在朝鮮，如生腎臟結石要慶祝。這是從前的事，後藤新平很信用中醫。他關心我的結石，勸我去給中醫看，我沒有去。可是有一天，他突然用自己的汽車請那位中醫來看我。那位醫師留下很特殊的藥給我，並說如照他的意思服用馬上會好。今日我之得以根治腎臟結石，可能因為漢藥之效能。

伊澤多喜男：長野縣人。曾任和歌山、愛媛等縣知事，警視總監，東京市長，一九四〇年出任樞密顧頓問官，為改造內閣之幕後人。一九四九年去世。（譯者註：伊澤於一九二四年九月一日，出任第十任台灣總督，至一九二六七月十五）。

婉拒出任副總裁

現在我才要坦白說，浜口就任民政黨總裁時，強要我擔任副總裁。那時浜口住在鐮倉，黨的四、五位幹部去請他出任總裁，但他不肯接受。所以有一個人來找我說：

「浜口先生始終不肯答應，您跟他特別好，請您勸勸浜口先生好不好？」

我回答說：「我去不一定有效，我來考慮考慮好了。」

於是我先去東京大學醫院看真鍋教授。我直截了當問他說：

「今天我來不是為了我自己的病。人們請浜口君出任黨總裁，他不肯點頭。理由是身體欠佳。你在看浜口的身體，您看浜口的健康能不能擔任總裁？」

真鍋教授思量片刻以後說：

「你是問作為醫師的我來問，還是作為浜口君之朋友問這件事，要先弄清一點再說。」

頓時我覺得真鍋這個人太彆扭了。我說：

「問身為醫師的你要怎麼答？作為朋友時要怎麼回答？告訴我這兩種意見。」

真鍋君說：

「如果以醫師之立場來說，我不贊成。如果以朋友身份來說非常贊成。」

他說得有其道理。理由是，浜口這個人沒有什麼嗜好，工作是他唯一的樂趣。如果不給他工作，他的身體會衰弱下去。所以站在朋友立場，我贊成給他繁忙的總裁工作。但站在醫生的立場，我因為太熟悉他的身體狀況，因此我不贊成他出任總裁。真鍋的意思是這樣。

聽完真鍋的話之後我很迷惑。我因為覺得殺或不殺浜口君，都在我手上。我真不知道該怎麼辦才好。第二天我去雜司谷的浜口家，他剛從鎌倉回來。我說：

「關於黨的總裁事。」

「我不幹。」

「不要這樣說，再考慮看看吧。」

他以很特別的眼神瞪著我。

「如果黨人這樣說，我可以理解。但你是我小孩時候的朋友。連你都要我做總裁，真是意外之意外。我一直把你當作不會說這種不近乎人情話的人。」

「不要再說下去。我既然特地來給請這一件事，是下定決心要你一定要去做才來！」

因為我非常熱心地勸他一定去做，他大概覺得我有我的特別道理，遂一直看著我的臉，不說話。

當天，浜口君專程去看若槻君表示：

「我做總裁既無法籌錢，身體又不好，所以我不能做總裁。」

於是若槻說：

「錢不一定要由總裁去籌。這大家分頭設法來辦理就行。身體方面現在也不是有什麼毛病。忍耐幹吧。」

大藏省之前輩的若槻君對他這樣說。爾後浜口君到了山本達雄君處，這結果似乎也是一樣。如此這般，雖然不是大家商量過，結果變成這個樣子。

最後浜口君到我這裡來正襟說：

「我來說你不喜歡聽的話。」

「我可能不得不做總裁，但如果你接受我的條件，我就做總裁。這個條件是，非常難開口，就是你犧牲一點做副總裁。這樣如果我生病了，你隨時可以替我，一切很順利。拜託拜託。」

此時我想我一定要好好說他，因此說：

「你提出這樣的條件，真是豈有此理。要不要做你自己作決定就好了。你不想做就不要做。你要以我入黨為條件做總裁。開玩笑。我不要聽這種話。」

聽我說完了，他與以往一樣，生氣嘮叨，對於副總裁也就不再提了。

後來，浜口生病時，嘮叨說那時我答應做副總裁就好了。但拒絕浜口之邀請，是因為我有一個信念，認為外務大臣不能與政黨有關係，我完全沒有要走上政治的想法。

仙谷貢之清貧

仙谷君與浜口君，先後去世。仙谷君為憲政會以來之黨員，與加藤高明氏之關係非常好。所以起初做鐵道大臣，後來出任滿鐵總裁。浜口君遇難之後，從滿洲回來參加各種商量，那時他的健康就差得很多。我去看他，最後與其告別出來時，仙谷夫人把我請到另外一個房間突然開玩笑說：

「仙谷死了，你會幸運。」

我問：

「這是怎麼一回事呢？」

「仙谷是一旦決定的事，原則上是不會改變的人。他決定請你做民政黨總裁的人。他很早就這樣說。他好像沒有告訴任何人，但他是這樣想的。如果他活長一點，你或許被他拖累會極辛苦。他死了你就不會有這種災難了，你真是很幸運。」他的夫人也很能幹。總之，仙谷是著名的人物，有諸多逸話。晚年因血壓高，故常去打高爾夫俱樂部。

我問他：

「據說你血壓高，這樣常打高爾夫球有沒有關係嗎？」

他回答說：

「我不打高爾夫球。我是到球場睡覺的。」到草坪上睡覺，吸新鮮空氣是很好的。睡一天覺回來，血壓便完全降下來。他說在鎌倉吸海邊空氣，也是非常好。

他是一個非凡的愛國之士。又是高潔純情的人，他死了以後，遺族把房子賣掉，勉強過日子。好多人們都認為仙谷和錢很有緣分，其實仙谷自甘於清貧的人。

要賣滿洲

與陳友仁的密談

現在，我來談談一九三一年若槻第二次內閣時，我和陳友仁秘密會談的事情。在香港的須磨（彌吉郎）總領事給我打電報說，在廣州的陳友仁想跟我見面，問能不能見他。那時與蔣介石的南京國民政府分開，以反蔣的汪精衛、孫科、陳友仁為中心成立廣東政府，陳友仁是其外交部長。我說我們沒有承認廣東政府，不好正式見面，如果以個人身分交換意見，我願意與其見面，於是他馬上前來東京。

陳友仁住在帝國飯店，由飯店來看我，所以新聞記者都不知道。我問他：

「你能完全沒有被人家發覺你來看我，真是很不容易。」

他說：

「要甩新聞記者太簡單了。乘汽車通過日比谷公園，到達海軍大臣官邸附近，叫車子回去。然後走到赤坂又走回來。新聞記者不可能知道我這麼作。」

他這樣低估新聞記者之耳目的敏感。

我第一次與其見面，一握手我便這樣說：

「今天早上看來自上海的報紙，您好像帶來好大的任務。報導說您到日本的目的是要賣滿洲。這是賣國奴，上海的報紙這樣大報大報，真的要賣，您有帶委任狀嗎？（當然他沒有資格代表中國），即使有委任狀，我也不能連其住民一起賣滿洲。除非有可以把幾千萬的滿洲居民丟進渤海灣，使其會死為條件，要滿洲之土地和住民一起買，這有如抱著炸彈睡覺，就是要送給我我也不要。」

我一開口就對他這樣態度說：開始時陳友仁捧腹大笑，然後突然改變態度說：

「這不是笑話。您所說的話，實具有令我們中國人尋味的真理。您說免費我也不要滿洲這句話，是達觀長遠日本之將來的名言。您既然想得那麼遠，我就坦白告訴您。」

於是他提出中日同盟論。

提倡中日軍事同盟

陳友仁表示，中日關係如此不友好，用普通方法無從解決。要用能使中國人大叫起來的新方法來斷然實行，乘這樣的機會來解決。他說：

「豎起普普通通的旗子是沒有用的。我們要扛著中日同盟的新旗子走上街頭。這是什麼意思，一般人不知道。屆時由我來向國民說明其用意，說中日兩國同其利害關係，必須做步調一致的工作。國民知道怎麼一回事時，乘這個機會一下子把中日之間尚未解決之問題全部予以解決。這樣一來，中國人對日本必有好感。以這種感情為後盾我黨大會將要求給予中國政府與日本政府交涉中日同盟之權限。」

當時中日之間的確有許多問題。雖然這不是大問題，在關東大地震時，中國人被誤為朝鮮人而被殺。因此有其損害賠償的問題。陳友仁很熱心地主張：不要討價還價，不必考慮得失，早日把大問題全部解決。

對此我說：

「你的想法雖然很好，但同盟不是那麼簡單，我無法馬上贊成。」

然後提出我的意見。

「不必談到歷史上的事，同盟是要以某一個國家為對象的。譬如日英同盟是，當時在滿洲不實行撤兵，帝國主義、侵略政策之俄國為對象。兩個國家同盟，被認為其對象的第三國一定會反彈。換句話說，同盟將減少其友邦。欲尋求和平的結果反而會引起國際上的不安。為此協商比同盟好。其很好例子是英法協商。這是什麼意思呢？即英國和法國之間，多年來纏綿了各種麻煩的問題。於是想出英法協商。由此一掃妨害兩國之接近的懸案。因此兩國國民之間產生好感。其新關係被稱為友好協商（entente）。因為協商的主旨是要清除兩國之間的紛爭原因，不是以第三國為對象，所以沒有招來第三國之反感的理由。英法協商隨時間之經過，面對各種國際問題，兩國之合作更加密切，迨至第一次世界大戰，自然地演變成為英法同盟。所以您那麼急要主張中日同盟，不如以英法協商為先例，先解決妨害中日間之接近的懸案，正式同盟自會水到渠成，您看這樣作如何？」

陳友仁凝精聚神地聽，然後說：

「這個想法很好。我不知道廣東政府會怎麼說，我個人是全面贊成您的意見。我想這是最安全的方法。」

從此以後，我們兩個人見了三次，一次密談三、四個小時。這件事都沒有漏出去，任何人都不知道也算是一件怪事，而未能發覺它的新聞記者諸君，真是該打屁股。

對於這個對談，彼說想寫一個記錄，他把英文的記錄草案給我看，我看完了之後表示同意。他說：

「我要趕緊回去，叫廣東政府具體化。」於是他回國了。他回國以後，寄來一分英文打字文件，我把它交給外務省的主辦人員。如果沒有因為美軍轟炸燒掉，這分記錄還存在外務省才對。

志士病倒

很意外的是，在此事之後發生九一八事變。我認為這一下完了，遂打電報給廣州的日本領事，要他聽聽陳友仁的意見。他的回信，和我的意見完全不同，他說，發生九一八事變是意外的幸運。他認為，要實現中日協商之構想的最大障礙是滿洲即各地之軍閥，因為九一八事變，他們會覺醒，反而容易促進中日之合作。但情況是不必說促進，自此以後，陳友仁和我的交往完全斷了。

爾後，根據在上海和中國要人有交遊之今關天彭君回國以後所說，我才知道他死了。今關君和陳友仁夫婦有親密的交往，有一天去拜訪時，陳友仁病在床上，夫人哭著說已經沒有救了。他對今關說：

「這可能是最後，請您看看他。」

今關進去病房，陳友仁以發呆的眼睛看著今關以很小的聲音說：

「Shidehara，Shidehara。」陳友仁為什麼說幣原，今關當然搞不清楚。我認為這是他想交代我什麼的，但陳友仁至此意盡力竭，與世長辭。

據說，陳友仁原來是西印度托利尼達特的人，不是真正的中國人。因此英語講得很好，不會說中國話。我在東京跟他見幾次面，沒有深交，想到他臨終時還沒有忘記，真使我感慨無量。

陳友仁：中國之外交家。留學英國，回國在上海，北京擔任報紙編輯。一九一九年，巴黎和會時擔任廣東政府特派代表，後來與共產派聯手，推動革命外交。參加閩變失敗後出國，在中日戰爭去世。

在野外交

美德和解之議長

一九二八年五月五日，簽訂了美德仲裁和解條約，美國和德國之間發生國際紛爭時，為此種紛爭，特設立解決的機關。它有指名的規定，戰爭或和平時，為避免戰爭，當事國雙方，各選出二名委員以從事和解，但這種委員會，多互相替自己國家辯護，作自我主張，因此很難得出結論。於是加上一名兩國國家都信賴的第三國人，請這個人擔任主席，即擔任審判長，依議長之裁量處理議程，以進行調解。

不意我接獲要我做第三國人之委員亦即議長之交涉時，我實在非常困惑。因為我是公務員，國內有公務待處理，所以召開委員會時，是不是能夠隨時離開我不知道，以這個理由請他們「饒了我」，但他們卻說對於審判長之人選，要兩國之意見能一致極為困難，既兩國都推您，請您千萬不要推辭。因此我個人對他們提出了這樣的條件：「我在不妨害我作為一個日本臣民之義務範圍內，我可以接受審判長之任務。」譬如我是外務大臣等，自己要負之國務重大，無法執行其他職務時，會有此種情況。而且國際紛爭，不是一個星期或十天就能結束，所以只限於不妨害履行作為日本國民之義務的範圍內可以接受。而且這還是經過當時之所謂救裁（日本天皇許可的）。

德國政府和美國政府都接受了我的這個條件。他們且以公文通知這樣就行。以後我一直是其委員，有時候寄來委員會的報告等等，幸好實際上沒有發生什麼事件，如果發生，一定被叫去。此次大戰，發生於條約有效期間內，起初是英國和德國的戰爭，美國不是立刻參戰，從日美發展成美德戰爭，這個條約也就自然消滅。這是要判斷人家的罪，應該先拂拭自己之罪的道理。

亞當斯·史多克斯症候群

一九三一年一二月，因為第二次若槻內閣之辭職，我再度成為在野的人。隔年，我在駒達家患了叫做亞當斯·史多克斯症候群，在日本極少見的心臟病。

晚飯後我在書房看書，覺得身體有一點不舒服。胸部很痛。出去房外，竟在走廊倒下來。醒過來並爬起來進去自己的臥房，聽到聲音家人趕來看我，覺得情況很嚴重，遂請附近之常去看的醫師來看我。這位醫師說，最好請稻田（龍吉）博士診斷。於是請來稻田博士。我的意識非常清楚，不知道大家在緊張什麼，兩位大夫一邊診察，一邊在商量。旋即兩位醫師出去外面，只剩下一位護士。這個護士突然匆匆忙忙出去。我記得到這裡。據說因為我脈搏停了，她跑去請大夫來。

爾後我又恢復了意識，我醒過來時，發現我睡在稻田大夫膝上，大夫正在給我人造呼吸。於是我問：

「你們為什麼那麼緊張？」

稻田君說：

「沒有什麼，沒有什麼。」

沒有正面回答我。我完全不知情，我曾經脈搏和呼吸都停過陷人死亡狀態，據說停止將近三分鐘，亞當斯．史多克斯症候群是這樣嚴重的病。

在呼吸停止稍前，我想試試我腦筋的功能（記憶力或者是理解力）與平常有什麼差別，我曾經背通很長的漢詩。背起來很順，沒有什麼問題。恢復呼吸之後，稻田大夫等似乎放了心，因而問我：

「心情有沒有覺得好一點？」

我說：

「並不覺得有什麼特別」，而繼續背剛才在背的漢詩。後來聽說，呼吸停止之前腦筋的功能，與停止呼吸之同時會一時空白，與恢復呼吸之同時腦筋之功能也就會繼續。其一個例子是，英國的國會常常晚上開會，往往會超過十二點，有一次此時一個議員站起來演講。這個人在演說中途開始打鼾聲。於是有人大叫：

「議員允許在講台上睡覺嗎？」

大家認為沒有必要聽不講話而同時站起來。這時演講者突然醒過來，繼續講下去。而且講得前後都對的接起來，沒有問題。真是一件怪事，因為很特別，報紙如上報導。我問過三浦謹之助博士，他答：

「不，這一點都不稀奇，這應該是輕微的腦溢血症。」

我雖然不是腦溢血，但可能是同樣的道理。

大體上，我忙得頭暈腦脹時，我有背誦從前費心背的長詩，著名的文章等等，以轉變頭腦的習慣。年輕時在倫敦擔任副領事的時候，英語的老師強要我背誦長文章和詩句，覺得很痛苦。但這後來對我有很大的幫助。因為背誦，我好像領會了英國人的思考模式。雖然沒有學到「畢業」的程度，但我覺得那位老師教學方法有其道理。

來六義園的外賓

不做官吏以後，我一直隱居駒達的自宅。這個房子雖然是不堪居住的破房子。但其院子是古來的名叫六義園，是德川幕府將軍時代柳澤出羽守（吉保）所造面積有幾萬坪的名園。因此許多外國人多專程來參觀這個庭園，而到我這裡來。蘇聯大使俞列揑夫很喜歡這個庭園，故常常來。我對他說：

「在這個池塘的鴨子都是從西伯利亞來的。天氣稍微暖和一點，他們就回去西伯利亞。這看起來很好看，但對我的地方有相當大的損害。您看看這些鯉魚。這本來是黑色的魚，因為鴨子好像從西伯利亞帶來一種色素，黑鯉魚都變成緋鯉魚了。這就是赤化，是違反條約。」

我這樣開他玩笑，他卻覺得有一點莫名其妙。

俞列揑夫有一天到我這裡來說，日本政府實在豈有此理。我來日本作大使是為了促進日俄之關係而來的，真是豈有此理，而非常氣憤。我因為已經不在政府機關，所以他才來這裡發牢騷。俞列揑夫與我談話是，他說法語，我說英語。所以我們談話不用口譯。這與英國外相格雷和法國大使甘本交談時，格雷用英語，甘本說法語一樣，我們兩個人約定這樣作。他不說英語，但聽得懂。

俞列捏夫：俄國十月革命後赤軍軍人，曾任軍事人員委員會部員，後來轉人外交界，歷任拉脫維亞、義大利、奧地利、日本和德國之大使或公使。

斡旋日蘇漁業協定

俞列捏夫為什麼不滿呢？他說：

「這一次成立的日德防共協定，不只是條約所寫的事情。它還有秘密條約。這是日本沒有把蘇聯當作友邦的明確證據。若是，我再努力於日蘇親善也沒有用。」

那時，日蘇漁業條約之期限剛到期。為著簽訂新的條約在莫斯科正在進行談判，談判順利，正要簽字時，日本和德國簽訂防共協定，因此蘇聯提出許多怨言。同時拒絕交涉已經成立的漁業協定之簽字。於是我對俞列捏夫說：

「關於您對於日德防共協定的不滿，好或不好，因我已經不在位所以很難表示意見。您說還有秘密條約，但日本政府發表說沒有這樣的東西。那一個說法是對的我不知道。但這個問題和漁業條約的問題扯在一起是不好的。有幾萬的日本人在靠漁業吃飯。不僅是漁夫，加上其家族人數眾多。如果協定不成立，十幾萬人之家族的生活會發生問題。漁夫是以很小的船出波濤大浪的大海，在任何國家他們是冒險的。他們不能因為沒有拿到簽證就不出去打魚。據說他們已經準備出去打魚了。您們說您們是無產階級的朋友，採取威脅日本無產階級之漁民生活的手段，讓他們怨恨您們，對您們有什麼好處呢？令他們抓海裡的魚，對您們會有多大失？

如果日本漁夫沒有簽證出海去打魚，您們一定會覺得豈有此理，並出動軍艦或警察以武力予以趕走。若是，他們將請求日本政府之保護。站在日本的立場，不能不給予保護。如果打一槍，兩國之關係將陷於嚴重的事態。您覺得這樣沒有關係嗎？您認為這對於兩國是有益的嗎？我不能建議您這樣作。如果蘇方對於日蘇漁業協定本身有異議，在調整這個異議之前，可以延期現行條約之效力，簽訂延長若干時間之暫行協定，也不是避免日蘇衝突之一個方法嗎？」

我這樣對俞列捏夫強調說。俞列捏夫默默地聽著。從頭到尾一句話都沒有說，然後回去了。那是一九三六年十二月左右的事情。

在十二月月底左右，發表了成立日蘇漁業暫行協定。我打電話問外務省確認這件事之後大為放心。隔年一月五日在皇宮的新年宴會，俞列捏夫看到我趕緊過來，我握他的手說：

「據說成立了漁業之暫行協定，我很高興。」

他緊緊握我的說：

「不，不要為我高興，這樣對我國政府的立場很有幫助。您雖然不是外務省的官員，我把您的話忠實地電報回去了。第三天竟然來訓令說要簽暫行協定，全部接受了我的建議。因此我的立場也好多了。您是我的恩人。」

以後，俞列揑夫調往德國。我和他告別時說：

「據說您要到德國去了，這是一種調升，我要祝福您。本來在日本工作，應該沒有什麼任何不愉快的理由才對。但您到德國，由於德國的國情，可能有諸多事會讓您不愉快。如果您到了德國之後，我的預測為一種杞憂，那就太好了。祝福您之前途。」

他對我說：

「哈，是這樣嗎？」

他有些擔心這一點離開了日本，據說他到德國之後，與其當局之交情欠佳，後來被政府清算。

德國記者之謎

一九三七年，中日戰爭剛開始，日軍在上海溝渠戰進退維谷時，有一天德國之報記者，我忘記了他的名字，相當年紀大似為老成的記者，來看我。這個記者說：

「我是從中國來的，我所以來拜訪您，是為了這種原因」，而說了大約如下的話。

這個記者去南京看了吳鐵城。這是以一個普通的記者，為了解中國的情況而去的。訪談結束後準備離開時，吳鐵城拼命留他。並說了很多有關中日關係的話，說這樣下去，中日關係很危險。兩國之間還不是真正的戰爭。應想辦法防止兩國的關係陷於絕境，他這樣諄諄告誡。那時吳鐵城雖然不是外交部長，但卻蔣政府的有力要人。他以真誠對一個外國記者這樣認真訴說。這個記者覺得自己不是外交團的成員，為什麼要對他說這些話，而忍耐著聽。他把話打斷，準備回去時，吳鐵城對他說請他明天再來。他說他明天要到日本，但吳鐵城還是希望他能設法再來一趟。故隔天又去了。吳鐵城對他還是說與昨天同樣內容的話。不知道你們怎麼想，中日關係正在斷崖絕壁上面，隨時可能掉進千仞谷底裡去。如果現在不趕緊挽救，吳鐵城的話，越講越起勁。記者只是默默的聽。他回途順便到德國大使館，問陶德曼大使，像吳鐵城這樣負有責任的人告訴我這些話真正的意圖是什麼？陶德曼默默地聽，然後說你到日本把這些話告訴幣原。因此他才來看我。

吳鐵城：廣東人。國民黨右派之政治家。曾任上海市長、廣東省政府主席、國民黨秘書長、行政院副院長兼外交部長，為蔣介石直系，被中共指定為戰犯。

陶德曼：德國外交官，倫敦海軍條約之德國代表書記，駐東京大使館參事，外交部遠東司會長，駐中國大使，為德國外交部第一遠東通。

錯失中日和平之良好機會

陶德曼曾任德國駐日本大使館之參事。因此他跟我的關係很好。那位記者對我說了以上的話之後說：

「我不知道陶德曼為什麼要我拜訪您。」

我說：「但我知道。這個問題如果拿到日本外務省反而會有反效果。如果中國把這個問題向德國政府提出，日本不能說不打仗，其立場將會很困難。站在德國的立場，如果被認為她在利用與日本的特別關係，做多此一舉的干涉，對德國也不好。於是陶德曼以大使的身份，可能會將此事報告德國政府，並認為以外交手段向日本外務省提出不好。日本有一個平民的幣原。如果向他提出，他一定會作適當的處理。我相信幣原也不贊成戰爭，並能幫助我們，我認為這是陶德曼要你看我的主要原因。

這個記者聽完了我的話之後，非常驚訝，並說：「是的，是的，是這樣，一點也不錯。陶德曼的話拐彎抹角，但他的意意思一定是這個樣子。我明白了。」

於是我立刻往訪外務大臣。我記得是廣田（弘毅）君。見了外務大臣告訴他，這樣的記者這樣說。的確中方也有很熱心於和平解決的人。我提醒他，你們應該好好考慮這一件事。爾後政府並沒有什麼動靜。因此我問他「那一件事怎麼樣了？」於是他派來秘書官來說：

「把這件事告訴了陸軍大臣，陸軍大臣表示日軍拿下南京之前免談。日軍在溝渠戰苦戰時提出這個問題，會被認為日本陸軍在示弱。把對方打得喘不過氣來時再來提可以。陸軍說一路佔領南京以後再來談這個問題。」對此我說：

「啊，那完蛋了。因為日本如果進人南京，吳鐵城不知道會到那裡去。逃到內地，將無法聯絡。日本有面子，當然中國也有面子，這樣很難辦了。你們把酒席倒進垃圾箱去了，實在可惜。」

因為我不在位，故沒有再多講。

戰後，我到日本俱樂部，松井石根大將進來。我告訴他這件事，他很遺憾地說：

「那太可惜了。您為什麼不告訴我呢？如果告訴我，自有辦法。真是太可惜了。失去了這樣好的機會真可惜，令人悔恨。」

當時松井大將是上海的總司令官，那時我根本不可能和他取得聯絡。他雖然戰後被處死刑，他是不希望擴大中日事變的，假定那時能與其取得聯絡，不知其結果將是如何？或許事變之發展，可能會有一些變化也說不定……。

松井石根：愛知縣出身。陸軍大將，一九三七年中國派遣軍司令官，後來為大政翼贊會與亞本部理事長，戰後以戰犯被起訴，負起南京大屠殺之責任被宣判絞首刑，一九四八年十二月被處死。

九一八事變

從國內到國外

日本之戰敗，當然是太平洋戰爭的結果，但太平洋戰爭是由盧溝橋事件所引發中日事變所發展，而中日事變是柳條湖點火之九一八事變發展下來的。換句話說，這三者有如一線，互相關聯，實不必煩言。若是，為這個大戰禍之開端的九一八事變，究竟是怎樣發生的呢？它的原因是什麼？現在回想起來，我覺得是對於軍人的整理解職，減薪，因而引起之不滿，應該是其直接的原因。

在第一次世界大戰之前，日本是所謂國際借貸計算上的債務國，貿易經常都是入超。因此政府經常苦於財政上的困難。那時的英國也是入超的國家，因入超物資豐富，物價便宜。所以付給外國的金錢，可以巨額之海外投資的利息來支付。因對國民生活有幫助，故貿易之逆差為大家所歡迎。可是債務國的日本。在第一次世界大戰，隨外國之訂購船舶，武器等等，黃金滔滔流進日本，一舉而成為債權國家。隨著好景氣，出現大小暴發戶，奢侈淫逸之風盛行一時。

但不義之財難守，歡樂不可能永續，因一九二三年之關東大地震，累積的財貨瞬間報銷，日本又回到以前的狀況，大地震的隔年成立加藤高明內閣，我也入閣，在下來的浜口內閣擔任大藏大臣的井上准之助君，不顧一切反對，實行了財政的緊縮政策。減少了文官的人數。也減薪，譬如鐵道大臣的仙谷貢君甚至罵說：

「誰搞這樣的事。減薪一定會不受歡迎。」

海軍方面，在前述華盛頓會議之裁軍，已相當整理過，故影響不大，但陸軍廢止兩個師團，幾千名的軍官走路。相當多的將軍也離開了，所以軍官大多只到大佐，幾乎不可能升為將官。這樣一來，軍人便抬不起頭來，以前滿面春風走路的，在電車裡也沒人要讓位了。有女兒的父母，也不想讓女兒與年輕的軍官結婚，就是說，軍人之威勢，一下子下降到谷底了。

軍人之恨嘆此種情況，以及欲挽回明治以來所建立軍之榮譽和威勢是可以理解的，血氣方剛和青年軍官之情然走向偏激，進而組織「櫻會」等秘密結社，打倒政黨，以建構新秩序。進行欲投炸彈於國會，予以燒毀等，為非作及的計劃。在宇垣大將擔任陸軍大臣時，還能統治陸軍內部，沒有給他們爆發的機會。於是他們為推翻國內秩序之想法，便到國外，欲在最靠近日本之滿洲來發洩他們積憤。而這就是柳條湖事件之開端，九一八事變之芽生。

中國之侮日政策

在另一方面，當時之中國的態度，對於日本採取毫無忌憚的侮慢政策。由之有薪上加油之勢。譬如這雖然不是頂大的事，小幡事件就是一個例子。小幡酉吉君從駐土耳其大使調回國。欲派他以駐中國公使，徵求「同意」。把身為大使的他，降格為公使，對他來說是一種犧牲，惟因他精通中國情況，加以對於中國具有善意之理解的人也很少，為打開中日兩國之親善，他是適才適所的人選，加以他對於自己之間利害也不大計較的人，因此他欣然接受了這項工作。可是中國卻突然拒絕。不同意小幡君出任駐中國公使。

理由是說，在日本對中國強制二十一條條約時，小幡是北京公使館的參事，但當時日置益公使才是負責人，日置君奉日本政府訓令實行任務，總之他們的理解是：「凡是當時在日本公使館工作的都是中國的敵人。」

一般來說，這種「同意」，任何國家都守密的，可是南京政府卻把它洩漏出去，所以出現於報紙和電報。於是日本輿論沸騰。對於中國之憤慨自不在話下，連我也遭到責備，說是因為所謂軟弱外交使中國大膽妄為起來。我真一直為改善中日關係而在努力，但卻以這種比較不重要的事來妨害。

這種侮日政策不但在中國內地，在滿洲方面也是一樣，日本人的正當活動，往往會受到地方官警之妨害。其最顯著的例子是中村震太郎大尉，擁用中國官警之護照和簽證，旅行北滿時，卻完全不知其下落。其被中國人殺害，非常刺激了日本的陸軍軍人。

還有萬寶山事件。這是滿洲該地（長春附近）之朝鮮人一集團借地欲開始經營水田時，被中國地方官警查封的事件，日方雖然予以抗議，但毫無效果。由於這種原因，日本人覺得他們在滿洲的活動都被排斥。

浜口雄幸：高知教人。一九二四年出任加藤高明內閣之大藏大臣，二六年若槻次郎內閣之內務大臣，二九年任首相，該年被歹徒狙擊受傷而致死。

仙谷貢：高知教人。從實業界進人政界，曾隸屬於國民黨、同志會、參政會和民政黨。曾任鐵道院總裁、貴族院議員，一九二四年出任加藤內閣鐵道大臣和滿鐵總裁。

強制二十一條約的問題：趁第一次世界大戰之機會，日本大隈內閣一舉解決中日間之諸懸案，與袁世凱政府進行交涉，於一九五一年發出最後通牒，令中方接受。因最後通牒，於五月九日發出，故中國以此日為國恥日。包括於這個條約的有關山東省之條約、南滿與東部內蒙古之條約，以及膠州灣附近之件等一共二十一條，爾後日本撤回十一條，最後為十條。

力不逮的南陸相

發生柳條湖事件之前，我有其預感。召開商工會議所會議時，滿洲之會議所的人也來到東京。他們到我這裡說：

「最近年輕的軍官，來訂各種很特別的東西。」

向其詳細要的都是軍事上所需的物資，指定要在什麼時候以前，送到某地方，以儲蓄軍需品。因此連門外漢的日僑都感覺「有鬼」，陸軍在搞些某種計劃。

於是我去對陸軍大臣南次郎大將說：

「在滿洲有這樣那樣的傳說，你知道嗎？」

他說他不知道。我說：

「如果這樣下去，會發生大事。這不但將誤青年軍官的前途，也會危害國家的前途。所以要特別注意。希望陸軍大臣能盡全力維持軍紀。」

南默默的聽完了話之後說：

「我同感，我很努力於維持軍紀，我既然聽到你這番話，我更要加倍努力。」

我不知道以後南陸相採取了何種措施，不過我相信他一定盡了心以維持軍紀。但青年軍官之團結很強，也很決心，似乎已到了誰都沒辦法的地步。而終於發生柳條湖事變，真是極為遺憾。

一九三一年九月一九日早上，我在駒込住處，看著早餐上看報紙。突然看到柳條湖之日滿兵衝突之報導。我立刻給外務省打電話。接電話的人說，電報剛到不久，與報紙的報導大致相同。我覺得不得了，於是停止吃飯，趕緊到外務省。看完了所有有關的電報，還是不清楚中日軍隊衝突之真相及今後之情勢。

我趕往首相官邸，向若槻首相報告外務省所接電報之概要，並請他立刻召開臨時內閣會議。

在會議席上，我報告了我所知道的一切情況，並請閣員表示意見。我請求南陸相盡快與參謀本部和關東軍聯絡，以取得正確的報告，陸相也同意，該日內閣會議就散會。

隔天或隔兩天，南陸拿了一張條子向內閣會議提出。其所寫內容，比報紙稍微詳細。它說，中國士兵入侵滿鐵附屬地，意圖破壞路軌。日本守備兵欲將其趕走，演變為互相開槍。雙方人馬逐漸增加，現在還是在對峙狀態。最後說，「希望不要擴大事態。」我看完了以後問說：「已經發生的事是沒辦法了，但不可以只說是希望，要保障絕對不擴大。」

陸相說：「稍微等一下」，拿著這一張文件離開內閣會議。稍後，陸相在那一張文件上加上「保障」兩個字回來。大家由此放了心，而外務省這樣才能夠給日內瓦（國際聯盟）之日本代表打電報告訴事體之來龍去脈。可是中國卻立刻將此事件向國際聯盟提出控訴，開始攻擊日本，日本代表因不知情況，只有束手無策，無從回答，等著外務省的電報。

南次郎：大分縣人。一九三〇年陸軍大將，曾任朝鮮軍司令官。若槻內閣陸相，軍事參議官，關東軍司令官，朝鮮總督，機密院內官。被國際軍事法庭判監禁終身，服刑中。

中國向國聯控訴

在這樣的情況下，南京的重光葵公使來了電報。一發生事件重光公使便去看外交部長宋子文並建議說：

「這種事件不趕快解決，會節外生枝，非常麻煩。立刻派遣調查員如何？我們兩個人來討論和解決這個問題」。宋子文也很贊成。報告說他這些還沒有接到訓政府訓令，但他們兩個人已有這樣的共識。我覺得這樣非常好，我很高興，並將此事告訴了陸軍大臣，也上奏天皇之後對重光公使發出勉勵的回電說：「你幹得太好了，希望你努力於結束這件事」，寄重光、宋子文之交涉一絲希望。

可是我一等再等，都等不到重光公使的報告。不久他來電報說明，宋子文表示他也希望以直接交涉來解決問題，但中國政府已向國際聯盟提出。中國諸大官欲借國際聯盟之力量來壓日本，說這樣比較快，決定不與日本直接交涉，所以他已經無能為力，傳達了南京之不肯交涉。

於是我召見中國公使蔣作賓對他說：

「據說貴國將柳條湖事件控訴到日內瓦，這不是頂好的辦法。在聯盟席上，由不懂東方情況之國家討論，將有雄辯討論會。這樣一來，任何國家都不會認錯和表示歉意。還是得替自己國家辯護，必須發表強硬的演講。如此一來，不可能有結論。我認為最好的方法還是由中日兩國直接交涉。總而言之，聯盟規約規定，在向日內瓦控訴之前，必須盡一切外交手段。不盡外交手段，馬上向聯盟提出不好。在使其成為國際間的問題之前，有直接利益關係之兩國的代表，互相面對面，誠心誠意來交涉，應該能夠解決問題。」

我從黃昏五點到八點左右，這樣苦口婆心地說給他聽。蔣公使說：

「我明白了。很有道理。」回去之後，他好像向國內打了很長的電報。

可是以後，這位蔣先生，我一再請他，他都不來。好像是要和我絕交的樣子。後來知道，中國政府命令他暫不能與日本外務大臣見面。

不久在赤坂離宮舉行賞菊花御宴，外國使臣皆應邀參加，蔣作賓公使也來了。我與蔣公使握手時，好幾個中國人走過來，似乎在監視我和蔣公使的交談。如果我談到九一八事變一定會使蔣公使難堪，因此我故意不談公務，而聊天中國的書法。其他中國人聽到我在談書法，他們就說：「是這種話」而走開。

黑菊花

關於蔣作賓公使，有這樣的小故事。那時我住在駒込。我陪他去看庭園時，有日本庭師所種的菊花。他看到這個菊花問我：「您知道不知道怎麼樣做黑菊花嗎？」我回答說：「我沒有看過黑菊花」於是他說：「您可以做做看。」並教我怎麼做。

他說首先要改種菊花時，抹的很黑然後把墨擦在它的根。「這種會開黑菊花。在中國是這樣做的。」我開玩笑說：「這很有趣。人死時可以把它用於裝飾。用這來賺賺錢。」我曾經試過，但開的不是黑菊花。

以後有一次陪天皇用餐時，我奉告天皇：「蔣作賓公使曾教我怎麼做黑菊花的秘萃，有一次在菊根擦了墨，但開得不是黑菊花。」於是天皇問說：

「墨汁裡有沒有放樟腦？」一同時說，他自己雖然沒有做過，但書上是這樣寫的。我真佩服天皇什麼都懂。到底能不能實現，我還沒有實驗過。這暫且不談，我與蔣作賓的交情非常好，不知他現在在做什麼，我很想念他。

重光葵：大分縣人，歷任各國大使。一九四三年出任東條內閣之外相。小磯內閣之外相兼大東亞相，一九四五年東久邇內閣外相，在對盟國降書簽字，被遠東國際軍事法庭宣判禁錮七年服刑。一九五〇年十一月二十一日獲釋。

宋子文：中國之財政家，江浙財閥龍頭，宋美齡之胞兄，孫中山、孔祥熙之小舅子，掌握國民政府之財政中樞。歷任中央銀行總裁，財政部長，行政院副院長，院長，中日戰爭中之外交部長，駐美大使，行政院長，一九四七年辭去行政院長。

蔣作賓：湖北人。日本陸軍士官學校畢業。一九二七年國民革命軍總參謀，北伐完成後任駐德公使，一九三一年駐日本公使，後來升任大使。九一八事變後回國，曾任內政部長和安徽省主席。

若槻首相之道歉

如上所述，因陸軍保證不再擴大這個事件，故遂打電報給在日內瓦的日本代表，告訴其在國聯會議可以做這種內容之聲明，但事實上戰局日趨擴大，從長春往東方，由瀋陽向西方進兵。因此每次內閣會議都有爭論，南陸相一個人遭到圍攻，為著辯解，滿頭大汗。旋即發生朝鮮軍之越境事件，由於關東軍亂擴大戰局，致使兵力不足。政府採取不擴大方針。關東軍因隨便擴大，故不可能請求國內增兵。於是關東軍司令官本莊繁大將遂請朝鮮軍司令官林銑十郎大將派援兵，結果朝鮮之師團越境進入滿洲，參加戰鬥。

本來，要動兵到國外，是極大的事，必須事先獲得天皇之允許。沒有經過這樣的手續，在政府完全不知情的情況下隨意出動，遂成為很大的問題。在內閣會議席上，以若槻首相為首，並上准之助（藏相）等，都非常憤慨。南陸相說：「這首先必須去向天皇道歉，我現在就去。」若槻氏說：「不，陸軍大臣去道歉還不夠，我去道歉。」而進了皇宮。

越境問題這樣告了一個段落，有人主張要把出動的軍隊調回來，但這也有問題。結果說已經發生的事就算了吧。但因朝鮮軍之出動，兵力增加。所以現地的戰局會愈來愈拉大。

出兵錦州與奉敕命令

不久瀋陽來電報日軍開往錦州。錦州位於山海關的前面，滿洲之戰鬥已被列國猜疑。現在如果再進兵錦州，事態必將更加嚴重。因我覺得情況非常嚴重，遂要求與南陸相見面。

可是陸相卻去了箱根或什麼地方，不在東京。我記得那一天好像是星期六，隔日是大節日。我留話，請大臣回來後給我聯絡。第二天，來了電話說南大臣回來了。於是我遂去找他，問他錦州的事，他說：「我還沒收到開往錦州的電報。請等一等。」打電話給參謀總長。參謀總長也說沒收到。當時的參謀總長是金谷範三大將。他在電話中說：「我也沒有收到。不過有時候局長或課長會把電報等處理掉。我要好好查，否則我不知道在幹什麼。我馬上來查。」

那一天是大節日，夜間皇宮有儀式。我已通知不出席，南陸相穿上大禮服，對我說：「我現在要到（皇宮）賢所，詳細將由參謀總長告訴你。」就走了。

我在辦公廳等到很晚，還是沒有任何消息。到晚間十一點鐘左右來了電話說：「遍查了都找不到所需要的文件，還在找，我會再和你聯絡。」

隔日早上，參謀本部的好像副官來我這裡說：「現在參謀總長進宮。晉見天皇，獲得出動錦州之部隊，全部要調回瀋陽的奉敕命令之敕許，因此該部隊要回來。」於是我大為放心了。

可是後來聽說，當時之現地的情況是，年輕的軍官非常憤慨，竟丟東西，打破器物，很是胡鬧。但金谷總長很有決心，採取凡是反抗奉敕命者，將以叛徒處分，採取嚴正的態度，青年軍官也就乖乖地回到瀋陽。

本莊繁：兵庫縣人。一九三一年關東軍司令官，一九三三年軍事參議官，一九三三年侍從武官長，一九三五年獲頒男爵。出任大政翼會、興亞運動顧問。一九四五年自殺。

林銑十郎：石川縣人。一九二九年近衛師團長，一九三〇年朝鮮軍司令官，九一八事變時，不待敕命就令朝鮮軍越境成為問題，以「越境將軍」馳名，後來出任首相。

井上准之助：大分縣人。一九一九年日本銀行總裁，一九二三年山本內閣藏相，出任貴族院議員出國考察。一九二七年再度出任日本銀行總裁，一九二九年浜口內閣藏相，第二次若槻內閣時再任藏相，後任民政黨之首席總務，被血盟團團員暗殺。

金谷範三：大分縣人。一九二七年朝鮮軍司令官，一九二九年軍事參議官，一九三〇年參謀謀總長，一九三一年又任軍事參議官，一九三三年去世。

遠東之危機

關於這件事，我有過啼笑皆非的經驗。在瀋陽的美國總領事，向國內打電報報告說，很奇怪，日本出兵錦州之後，不知何故，東京命令，全部撤退回去。這在美國認為是外務大臣幣原弄的。他們說幣原好厲害，而捧我。但那不是我。是金谷參謀總長以自己責任，沒有和我商量所作的。

這是前面說過的。那時美國國務卿史汀生著作《遠東之危機》書，寫有關九一八事變。此書似乎賣得很好，根據此書的說法，我是受害者之一。我與史汀生，他來東京時，我只和他見一次面而已，跟他沒有深交，他在此書捧我。但這反而幫倒忙。

史汀生的《遠東之危機》大致這樣說：

——中國把九一八事變提到國際聯盟，美國在理論上不是國際聯盟的成員，而是觀察員。因此國務院對此事件，在大體上採取消極態度。此時發生出兵錦州之日軍撤退的事件。這是外務大臣幣原所弄的。能把有如野馬之日本陸軍拉回來，幣原是大膽無比的人。史汀生很高估這一點。遂對日本不採取高壓手段，努力於不要使幣原失勢。可是十二月卻發表了幣原之辭職。聞悉此項消息的史汀生，決心痛擊日本。遂打國際電話給英國外交部長。告訴他：美國政府對於日本在滿洲的行動將採取積極責備的行動。他是這樣寫的。事實上史汀生對於中日兩國政府發出以後所發生新情勢一概不承認的通牒。

史汀生（Stimson Liwis Stimson）：美國的政治家。一九一一年塔虎脫總統時之陸軍部長，一九二七年菲律賓總督，一九二九至一九三九年國務卿，一九三〇年倫敦海軍會議美國全權代表，對於九一八事變所產生遠東情勢發表不承認主義，來過日本。屬於共和黨，一九五〇年十月二十日去世。

曾為刺客之目標

把我估計太高，事實有誤的這本書，在日本也銷了相當多。據丸善（專門賣洋書的書店—譯者）說，好多軍人買。所以日本軍人恨我。把一切責任推到我身上。許多人寫信給我。其中好幾封信恐嚇我說，你這個傢伙要小心，出來我就幹你！雖然沒有人強制會面，但卻在我的家門用粉筆寫上「幹掉這個逆賊」等，亂罵一通。因為難看，把它擦掉，馬上又來塗寫。我常常受到人家的攻擊，尤其九一八事變時最厲害，所以我說史汀生那一本對我有好意的書我是受害者之一。但我覺得這也是運氣，我雖然一部分人那麼怨恨，但卻沒有被暗殺，不知道這算是幸還是不幸。

有一個大學生想暗殺我。這是我從外務大臣下來，住在駒込時的事情。我原則上早晨都會出去散步，他似乎在埋伏等我。那時候我生重大心臟病，一直在病房，後來報紙上刊載，這個大學生以謀殺未遂嫌犯被逮捕。幫我們修剪庭園的看這則報導時怒罵說：「啊。這個傢伙每天蹲在門口。我覺得很奇怪，竟是畜生！」

若槻內閣提出辭職

一九三一年十二月，若槻內閣因為九一八事變提出總辭職。我辭掉了多年來的外務大臣。當然九一八事變不是直接的原因，但為處理事變之擴大需要改組內閣，讓組織舉國內閣，這是內務大臣安達謙藏的策動，若槻不以為然，乃以閣內不統一為理由提出總辭。

為此事，我曾經和安達君爭論許多。他主張和在野黨的政友會一起組織內閣，但我認為這樣不但無法防止擴大事變，不能解決問題。總辭之後，安達君說：「給你們添很多麻煩了」，但我自始就反對改組，即使改組成功我也絕對不留任於新內閣。其他的外務大臣出來立新的政策改變政策即也無所謂。總之，我對安達君表示我一定要辭職。他可能想錯了。他說，改組內閣，我也不一定要離開外務省。

至誠之人金谷範三

隔年即一九三二年春天，曾經發生了一件至今難忘之很愉快的事。這是我從負責任的地位退下來，住在糧倉時候的事情。金谷參謀總長寫信給我，並叫一位副官來請，說想跟我吃飯。我說我住在偏遠地方，要去參加宴會很麻煩，副官卻說：也不要請許多客人來喝酒喧鬧。總長非常盼望您能賞光。我因婉拒不了，從鎌倉去了。那是新喜樂（料亭）的兩個好大房間。

一看，只有金谷總長和副官兩三個人，最高幹部一個也沒有。毋寧說是很冷清的酒席。女服務員端來有酒菜之後，金谷氏便說：

「妳們到那邊去好了」，她們作著莫名其妙的臉走出去。於是金谷總長站起來（日式料亭都坐在榻榻米上—譯者）靜靜地走到我面，正座把兩隻手放在榻榻米上，由衷說：在你任職中，我給你添加非常多的麻煩。我比誰都清楚。惟不幸的是我力量不足，變成這個樣子，我覺得非常意外，我想只有由我衷心賠罪，才請你勞駕。請你了解我請你出來的用意。

我聽了他這番話，我只有惶恐。與此同時，我深感金谷總長之至誠，為其認真和為人非常感動。

前幾年我與遠東國際軍事法庭檢察團的成員交談時，我告訴他們，從前紮在瀋陽的日軍，獨斷開往錦州。當時，金谷大將以參謀總長身份發出奉敕命令，令日軍撤回瀋陽之經緯，和我和金谷大將之邀請，一起用晚餐的經過，他們很驚訝地說：「日本軍人之中還有這種人」，而感動莫名。據說這個人是軍事史的編輯，他說：「我要把它寫在歷史上。」

下克上

對於九一八事變，因有人批評說日本政府府和軍的首腦優柔寡斷，故事變日益擴大。但如果強行鎮壓方策，日本或許會提早發生軍事革命也說不定。又如果政府對於軍部之胡搞的策動，拒絕支出經費，使其無法戰爭，道理是這樣。但在當時之情勢，只有提早動亂之爆發。軍部內部是在下克上。陸軍大臣和海軍大臣，幾乎不可能控制團結的青年軍官。

因舊日本帝國憲法不好，軍的命令系統由參謀總長和軍令部總長所掌握，即使是總理大臣，亦不能過問。因此如我在前面所說，要肅清當時之軍，只有像金谷這樣有力諸將軍聯合起來，不惜生命來從事重建之一途。

三月事件與宇垣

提到日本陸軍軍人，現在我們順便來談談宇垣（一成）大將這個人。宇垣和我一起入閣加藤內閣（一九二四年），田中內閣時一道離開內閣，濱口內閣又一起入閣。濱口去世成立第二次若槻內閣時，他出任朝鮮總督。所以我跟宇垣很熟，對於所謂三月事件（一九三一年），他似乎被社會誤解。這個事件是，前述「櫻會」的成員，利用陸軍大臣官邸，做各種策劃。被認為身為陸軍大臣之宇桓知道這種情況。並有想順此機會奪取政權之意圖。甚至於暗中鼓勵。但完全沒有這樣的證據。

那時候他患中耳炎，駐在國府津之旅館，在這期間，陸軍之青年軍官或老年軍官，集合在大臣官邸搞陰謀可能是事實。那時宇垣從國府津宮信給我說最近的形勢值得憂慮，你要加油。我願意盡量協助。

他從國府津回來時，計劃已經相當成熟，據說他把有關人員找來，責罵他們一頓。據說是要動員近衛兵，他便命令師團長近衛兵一兵一卒都不准動。因此三月事件遂雲消霧散。所以我不相信宇垣曾想搞什麼名堂的風聲。我認為他是一個好人，是一個可靠的人。

正當此時，倫敦裁軍問題炒得很厲害。若槻全權代表在倫敦，必須給予最後的訓令。內閣會議決定要以請示案堅持到底。宇垣沒有出席。因其為陸軍大臣，不能不告訴他做決定，所以我帶著文件前往國府津。宇垣說，對。要這樣做。並同時簽了字。他的中耳炎好像很痛，在旁邊的人說，其手術需開洞，所以即使能非常忍耐的人，也會很痛苦。就我個人而言，宇垣是都和我合作的朋友，我認為他絕對不會叛變的人。

爭論日德同盟

平沼內閣時，日德同盟問題的爭論極為熱烈。那是我和宇垣都不在內閣。有一天我出去散步，經過宇垣家門口時，看到有一個警員在那裡站崗。我問：「大將在不在？」他回答說：「今天早上回來。」我在玄關要接待的人轉告：「沒事，請保重。」就走。宇垣趕出來喊說：「喂喂，既然出來了，就請上來嗎。」宇垣曾任第一次近衛內閣的外務大臣。提到日德同盟說：「已經經過一年了，還在吵同盟問題。這如把同盟的對象限於俄國的話，其實不必反對。他又說，如果搞不好，與英國等戰爭，日本會滅亡。」我說：「要對象限於俄國是不可能的。法國與英國打仗，英國幫助俄國時要怎麼辦，同盟這個東西，是會有關聯的，不是區分就沒有問題的。不過我今天不是來跟你討論問題的。不要再說了吧。」他雖然還在那裡思考，但我遂和他告別。

三月事件：一九三一年，憤慨政界之腐敗墮落的當時參謀本部俄國班班長橋本欣五郎中佐、支那課長重藤千秋大佐、軍務局長小磯國昭，參謀次長二宮治重中將等，與大川周明等共謀，意圖改造國家。著手準備計劃的大要是，三月上旬國會提出勞動法案那一天，大川周明等要動員左翼、右翼分子一萬人。對國會進行示威，投擲炸彈於民政黨、政友會兩個政黨總部和首相官邸。緊急集合軍隊，以保護國會為名目包圍國會，斷絕交通，由「櫻會」之軍官指揮。計劃以三月二十九日舉事之日，小磯中途變心，要求停止，大川被德川義親侯爵說服。終於停止這個計劃。

平沼騏一郎：岡山縣人。一九一二年檢察總長，一九二三年第二次山本權兵衛內閣法相，創辦「國本社」自任總裁。一九三〇年樞密院副議長，一九三六年樞密院議長，一九三九年首相，第二次近衛內閣不管部大臣，內相，一九四五年再任樞密院議長，戰後以戰犯被國際軍事法庭起訴，判無期徒刑，現在服刑中。

二・二六逃避難行

一再發生流血事件

一九三二年（昭和七年）二月，在犬養內閣時舉行眾議院大選，在這選舉運動中，井上準之助來我在駒込的臨時住處附演說會場前被暗殺。我也是這些暴漢之暗殺目標之一，前面所說因為患阿達姆斯．史多克斯症候群之奇病病臥中，不知道幸或不幸，我逃離其難。

這個病好了之後，在鎌倉保養大約半年，但又患盲腸炎，地方的醫生說最好馬上開刀，但外科之佐藤三吉博士從東京來說，發揮其堅決主張，不說任何理由，說：「否，這是不行的。」他要我用冰冷患部。這樣繼續作一個星期，就好多了。於是下來要我用濕布溫身體，溫幾天又開始痛。但半夜又不能請醫師來。我反對護士之意見，又用冰塊予冰之。隔天佐藤來說炎症又復發，用冰予以冰冷非常好。沒有比它好，他這樣誇獎我。

於是我開玩笑說：「那就設法給我醫學博士學位好了。」總而言之，盲腸炎好了，並回來東京。一回來東京，便發生了五．一五事件，犬養首相被暗殺。但是此時我並未列要暗殺的名單中。

雪中逃避鎌倉

再經過四年，一九三六年二月二十六日，所謂二．二六事件當時，當然我並沒有感覺危險。在駒込六義園之一隅，有我的臨時住居，我在那裡春眠，早上四時或五時，我忽然醒過來，外邊有人的聲音。在六義園的廣大庭好像有許多人的樣子。我靜靜地開了兩門看了一下。仍然還是很暗，但不知道從哪裏來的，有好多警察。而且分局長也在，我問：「到底這是怎麼一回事？」分局長回答說：「我也不大清楚，剛才來了電話說，扛著機關槍的集團要來攻擊。」這如果是普通人，警察可以應付，但對方據說擁有機關槍，警刀和機關槍當然沒有得比。」

這是所謂睡耳聽水聲，至此我才明白這個突發事件是軍人的政變。於是我對分局長說：「是嗎？這很糟糕，怎麼辦比較好？」

他說：「對不起，最好是能不能離開這裡前往東京郊外？」也就是要我離開東京。於是我想，來了很多士兵，警察有保護我的任務，這樣會發生衝突。若是雖然是很可憐，警察很可能統統被幹掉。於是我覺得非常可憐。於是我說：「的確，警刀和機關槍沒得比。好，我退卻好了。譬如前往鎌倉附近如何？」他說：「很好。」於是我把司機叫醒，準備開車，我把要換的衣服準備好，出發時，分局長來說，「請不要走前門。因為他們好像快到了，可能衝突，所以請從後門出去。」

好像搞小偷要逃亡的樣子，很不愉快，惟警察是為保護我而這樣說的，故我便從後門出去。

於是汽車繞市內繞來繞去，要去鎌倉得走過皇宮附近，雪愈下愈大。到處都是士兵，問通過坐的人是誰。

在這大雪下，我已經下定決心而心定下來，幸好沒有被發現，花了兩個小時終於到達鎌倉。

安全到達鎌倉，正在放心的時候，聽到軍刀的聲音，又來了分局長。這在行政區劃上不屬於鎌倉分局，而屬於葉山分局。葉山的分局長說：「非常對不起，請前往非葉山分局管下以外的區域，鎌倉市內但不屬於葉山管區就行。」

理由是葉山管轄內有許多皇族在這裡。警察人手不足，我來了他們也無從照顧。我說：「鎌倉市內我沒有認識的房子」。

他說：「海濱大飯店也行呀！」

如果我住海濱飯店，許多警察會在大飯店內外站立。在許多人出出入入的旅館內外，突然有許多警察，更會引人注目。加以旅客多，附近一定很亂，會給人家製造麻煩。於是我說：「你們可能為了保護我要這樣說我非常感謝，但我不要你們保護。我要放棄這樣的保護。因為這裡是我的家。我會待一陣子，所以請你們回去。因此萬一受到危害，我也不會怪你們。」

經過大約一個星期……如此這般警察好像把興津的西園寺公帶走了，但我堅決予以拒絕。經過四、五天。我才知道，在這期間，牧野伸顯桑在湯河原遭受襲擊。但沒有人來殺我。

要死就死在自己家

經過大約一個禮拜，我隨意從鎌倉回到東京。因為前幾天匆匆忙忙沒有好好整理東西就離開東京，發生日常生活所需東西不夠。於是駒込分局長又來說：「社會比較安靜多了，但絕對不能放心。所以最好等到更安靜之前，最好躲在親戚、朋友家怎麼樣？」

我拒絕說：「不管躲在哪裡，要被幹掉的時候還是免不了的。我被幹掉也無所謂，反而藏我的家會遭殃。我不喜歡這樣，要死就死在這裡算了。在這裡想逃可以逃。庭園有幾萬坪，有人家不知道那樣的洞，有各種各樣能夠躲的地方，所以拜託你們不要擔心」。因此我堅持待在駒込家裡。警察非常緊張。幸好什麼事也沒有發生，的確是非常不愉快的時代。

事件的時候，若槻君的家在我家後面，因此那一天軍人是想襲擊我還是若槻君，不得而知，不知道什麼緣故，可能中途變更計劃，都沒有到我們兩家來。

荻生徂徠的卓見

這是我多說的，對於和我在駒込之矮屋簡直不能和六義園這個庭園成比例的名園，有各種不同的傳說。我在外務大臣在職中，因為美國庭園協會的人來，把洋人請來舉行過園遊會。那個人回國以後，他一定介紹人來看我。其目的不是要介紹我，而是要我介紹我的庭園。洋人一到帝國飯店，便來電話說想來看我。見面我問他有什麼事嗎？對方說想看庭園。

他有他的理由。這個庭園是柳澤保惠君之祖先柳澤吉保所造的庭園，是赤穗義攻擊之前完成的。於是洋人客人來看庭園的時候，有一次我半開玩笑的說了四十七義士的故事。從此以後，來的人都要我說說四十七義士的故事。一再地重複，英語不靈光的講談師一定很無奈。

德川將軍很喜歡這個庭園，常常來玩。因此由於大將軍的威光，從玉川特別製造堀割把水引至池塘，實在非常難得。五代將軍綱吉常常來這個庭園玩過。

總而言之，當時要給赤穗之四十七義士死刑，或者要賜予無罪，成為幕府的大問題。當時為元祿末年，世上流於柔弱淫蕩之際，故義士之行動，感奮一世。因此綱吉將軍本身也在想辦法拯救義士，由將軍家宣布無罪也是異例，於是據說暗中請菩提寺之寬永寺和尚，替四十七義士救命。

可是柳澤之部下之顧問格的萩生徂徠的學者，主張要替四十七士救命不行，絕對要賜其死刑這樣的意見。他這樣主張是應該的，這是不是間接地傳到綱吉的耳朵，或者沒有人微行去六義園時酒間直接聽徂徠對綱吉這樣說的，不得而知，總而言之，徂徠的意見得到採納，幕議決定賜義士死刑，表面上在四個地方的大名房切腹自殺，實際上是現在為高松宮邸的南部房間把大家集合起來，一起切腹自殺。

荻生徂徠的說法是，四十七士之行動實在了不起，令人感動。可是人生其最後最重要。要使其芳名留傳萬世，應該賜其死刑（虎死留皮，人死留名——譯者）如果為其救命，其壯烈的事蹟將被世人忘記。而且有許多人可能污糟其晚節。要使其忠節活起來，這似乎只有賜其一死。我是不大清楚，不過這是徂徠的卓見，泉岳寺之香煙不斷，就是這個道理。

維新之際，會津飯盛山之白虎隊少年幾十個人切腹，雄壯的死了。早上有一個太太走過那個地方，竟是死體累累。因為其中一個人還有脈，把他救起來。這個沒有死的勇士，據說沒有不大成全其晚節。因此我深感徂徠之偉大，這個四十七士之故事，給予外國人非常的感動。隨戰後之事情的變化，不知道今日是怎樣的情況……

我搬到駒込之六義園，乃是關東大震災的結果。在這以前，我住在駿河台，被火燒掉，沒有地方去。決定這裡好，庭園很漂亮，但房屋只有伸出腳這麼大，故臨時蓋最簡單的房子。在駿河台，因為只有倉燒掉，故把裡面的行李用馬車運。運氣不好會連續來，走過御茶之水橋的時候，馬不曉得　到什麼，連行李統統掉進橋下，名符其實地變成什麼都沒有。因而搬到駒込。

憲兵隊的威脅

我反對翼贊會

戰時中，說是為統一國論，不如說是為壓迫國論，組織了所謂大政翼贊會。而這在國會便是翼產政治會。我在好久以前就是敕選議員，在貴族院有議席，貴族院來信，希望我參加翼贊會，希望我回信說參加與否。我立刻把贊成兩個字擦掉，表示不贊成。於是事務局主任來電話說：「反對的意見，這恐怕會引起麻煩，所以我準備註明您沒有回信可以不可以？」我說：「不可以。實際上我回信不是拒絕入會的意思，所以沒有什麼可怕的。」對方：「那就沒辦法。」而掛斷了電話。

於是從那一天起經過兩天之後，憲兵來找我。據說是下士，佩戴長刀，表示想見家長。一見，他以高姿態表示：「我是奉隊長之命令今日來看你的。請以這樣心情聽我的話。據說你回信表示不贊成加入翼贊會。不知道是什麼原因，若是，你將負起破壞國內一致之態勢的確立的責任。這樣將產生不愉快的局面。所以是不是可以把那回信撤消？我奉隊長命令來這樣告訴你。」大致是這個意思。對此我說：「你的提醒我知道了。但那個回信是我自己寫的，所以我沒有意思改變它。」我這樣清楚地回答他。我同時又對這個憲兵說：「現在我想問你一件事，在美國的開戰布告要求得國會之同意，這一次的美國對日宣戰，除一個人以外，全部投票贊成。反對的議員是一個婦女議員，她敢然投下反對票。你覺得這是什麼意思呢？大致上婦女是不大抗爭的。因此如果有人問這位婦人，有如你到我這裡所說，妳一個人不可以破壞國民一致的團結，所以請妳投贊成票好不好？那個婦女或許不堅持投反對票也說不定。可是對於這一位婦女斷然投下反對票，說明沒有人去說服她不要投反對票。這一點非常重要。反此，德國的國會，希特勒的演說報紙會詳細報導，但議場的政府案是否通過，或者沒有通過，是完全不報導的。這是當然的事，因為議員一定會全體一致贊成希特勒的，實在上沒有報導的價值。你們覺得像德國那樣不自然的全體一致好，還是像美國那樣有一個人反對的就讓其反對好，我自然的全體一致比較好，請好好想想看看。我認為要反對的就讓其反對，贊成的就讓其贊成，這是以自由意思贊成，非常清楚，這才有投票的真正價值。美國的例子好，還是德國的例子好，你覺得呢？」

憲兵聽了我的說法，想了一陣子，突然從椅子站起身來，對我行了舉手之禮說：「我非常明白了。我是奉隊長命令來的，如果報告說你的意見有道理，我一定會受到隊長的譴責，因為我覺得你的想法比較好，所以我不會再來麻煩你了。請你按照自己想法邁進好了。」這樣說了之後他回去了。我覺得憲兵也有好好玩的人物。

可愛的阿兵哥

經過大約三個星期之後，那麼個人又來了。我以為又是奉隊長命令來的，但不是。帶來了相當厚的書來說：「這是寫歐洲事情的書，我現在在讀它，其中有不懂的地方，請教教我。」

那是德國納粹到底是什麼的質疑。我一一給予說明之後，他說他懂了。他說謝謝你之後回去了。曾經有過這樣的事情兩三次。他常常帶著自己的書，來問我後回去。他不說其他事，好像把我當作小學老師的樣子。我覺得這個人好好玩，所以我都好好對待他。

經過相當長的時間以後，他突然又來了，並說：「今天不是來問問題。我想你會很開心，特地來說的。因為我得到好事。」

那是他被選拔要進憲兵學校的事情。那個畢業之後好像可以升為軍官。他說：

「這樣我將出任軍官，所以特別來你報告。」

「這是很難得的喜事。你要加油用功。」

「是的。我會的。因為要作專業的學生，所以更需先生的指導。請多多指教。」這樣告辭了。這是終戰兩個星期前的事情。

終戰沒有多久，我奉命組閣。這個時候閣內有復員省這個機構，分成第一復員、第二復員兩省，兩個都是首相兼任。此時我想起了這個憲兵。我告訴復員省的人，憲兵裡面有這樣一個人找找看他現在在那裡，把他帶到我這裡來。但名簿、紀錄都全部燒掉了。我到處問人家，沒有人知道。現在可能在鄉下。這個人，同樣為軍人絕對不是軍閥手下，他的名字當時我知道，現在想起來了。

與近衛公爵的會談

大戰之序曲 出兵越南

從中日事變到太平洋戰爭，我只有悶悶過日子。有時候前往丸善，買些新出版洋書，專門看書以消磨時間。一九四一年（昭和十六年）夏天，我搬去明治神宮附近之千駄谷新居，有一天沒有想到，近衛首相說希望和我見面。

剛好附近有公爵的親戚，他去親戚家，我從後面去那個人的家，他說希望以這樣方式和我見面。我完全不知道對方用意，總而言之，按照這個時間和地點我去了。

近衛公爵對我說：「要送兵員至越南南部。」我問：「船已經出帆了嗎？」他說：「是的，前天出帆了。」「這樣還沒有到達彼地。現在最好令船回來臺灣或其他地方在那裡待機如何？」

「這是已經在御前會議討論決定的，所以我沒有推翻它的辦法。」

「是嗎？若是，我要對您斷言。這將成為很大的戰爭。」

「會這樣嗎？」他的眼睛黑白變來變去。

我說：「一定會發生戰爭。因此如果可能，從中回來到臺灣或其他地方，繼續華盛頓美日交涉，希望認真努力於和平解決。但是如果日本軍已經登陸西貢或其他地方，那就停止好了，即使和美國交涉也沒有什麼用。」

他聽我這樣說，非常驚訝說：「為什麼呢？我曾經和軍方也一再討論過，只是暫時駐兵，不是打仗。不要從我們這邊發動。這樣軍方才同意，這樣不行嗎？」

「這絕對不可以。您看好了。軍隊一旦去越南，下來將去印尼，也將插足英國領土馬來半島。這樣一來，問題大了，已經沒辦法抽退。我這樣感覺。如果要和我商量，我絕對希望您休想搞這一件事。」

一直聽我說話的近衛公爵臉色變成蒼白，問：「有沒有其他方法？」

「除此之外，沒有其他辦法。此時應該再奉聖旨撤退以外沒有其他辦法。這將是您的面子問題，還是軍方的面子問題我不清楚，但這已經不是面子的問題了。」我這樣斷言。

話談到這裡，近衛公爵與我的變成很不歡而散。如此這般，如我所預言，終於爆發世界大戰。

在明治神宮的荷蘭公使

對越南的出兵，前後兩次。第一次出兵是越南北方。這是因為與中國連國境，那邊有鐵路，經由這個鐵路輸送武器到中國去，故日本出兵予以監視有其意義。可是這一次出兵越南，沒有辯解的餘地。為什麼近衛公爵這一次同意出兵越南，我搞不懂，以常識判斷出兵越南南部，將給予英國領土馬來半島和印尼威脅。這是懷疑日本想要印尼石油，馬來西亞之樹膠，這樣疑神暗鬼是極其自然的事。因此突然出兵越南，引起世界疑惑，在突然出兵之前，日本應該事先表明，沒有他意，有汲汲於和平的態度才行。事實上在華府正在進行美日交涉，應該令野村大使充分說明才對。

在此種意義上，我對近衛公爵說明了它，但近衛公爵之要求要和我見面，我想他是想聽取我的意見，但他完全沒有接受我的意見的想法。

話歸正傳，對於這個出兵悲慘是，荷蘭公使巴布斯特氏。我常常拿著拐杖去住家附近的明治神宮散步。有一天早上，我遇到巴布斯特氏。說一聲「呀」停下來，我握他的手，不說話只是看著我。旋即以悲傷的聲音對我說：「加強日本和荷蘭關係之和好，這是我畢生的願望。我為此費盡了我一生的大部分。」他這樣說。

的確，他以公使館附武官來日本，一直做到公使，也能說日本話。

「可是今天日本出兵荷蘭領土西貢，這是日本侵略荷蘭的目的。因此我的終生希望完了。」他這樣邊說，拿出手帕，邊擦眼淚。對他我又不能說沒有問題，「你的心情我很能夠理解。不禁同情。」說罷我們告別，我們雙方實在感慨無量。

可能因為這個打擊，巴布斯特生病，不久之後去世。我在他生前，去探過他的病，當時他已經說話的元氣都沒有，他是一位非常老實的人，為日本之很誠實的朋友。比在病床上的他，在神宮境內之受打擊苦悶的樣子，今日仍然在我的腦海裡。

計劃前往蘇聯之前

我和近衛公爵的會見，不是出兵印尼是最後，還有一次。那一次也不是愉快的會見。那是近衛公爵決心要去蘇聯時候的事情，這個時候也是暗中和我見面的。他說：「這一次我要去蘇聯，直接與史大林見面，想和他自由交換意見。為此我準備帶天皇的親筆函。」

那是因為戰局接近最後階段，雅爾達會議之前。近衛公爵問我說：「你有什麼看法？」

我說：「我絕對反對」，並說：「這樣搞是達不到目的的。把重點擺在天皇的親筆函，對方會再改變決心嗎？這樣不但達不到目的，將拖累皇室，所以我絕對反對。」我這樣堅決主張。於是他說：「是嗎？」沒有反駁就分手了，最後他的去蘇聯只是一個計劃，並沒有去。

的確沒有去，是對的。如果去了，一定成為一場笑話。列國舉行雅爾達會議，抓住史大林，令蘇聯參加對日戰爭，說要庫頁島全部給蘇聯，千島群島要怎麼樣，給蘇聯甜頭的時候，日本要空手去。只是以天皇之親筆函，蘇聯不會要這樣空的東西，以為史大林會聽話，那完全是一種夢想，實在太天真了。

這是從前美日交涉遇到胡洞的時候的事情。說想在太平洋舉行近衛、羅斯福會談，我認為即使近衛公爵與羅斯福見面，如果沒有事先的充分準備，不可能成功。可是這也不知道什麼原因，沒有實現。

準備搬家時承蒙天皇召見

跟許多人一樣，我也是遭受到戰災的一個人，從前在千駄谷的房子、家財、汽車等全部都被燒掉了。是即我在多摩河畔迎接了終戰。會變成這樣，這是我老早就有的覺悟，但每天的生活還是覺得很淒涼。於是想來想去，我已經年紀大了，應該找一個地方，好好看書，安安靜靜地過這一輩子。幸好有山紫水明的鎌倉有房子。於是決心搬去那裡。惟那個時候卡車也很難找。既沒有車子，也沒有汽油，到處找，好不容易找到一部。

卡車來了，把搬家的行李裝上去，我也準備好了要出門的時候，來了一部汽車。是宮內省的車子。侍從長信說，坐這個車子「立刻請進皇宮。」不知道是什麼事，要我立刻進宮，如果去了鎌倉延期兩三天，做為臣下是很對不住的。服裝在當時什麼都沒有關係，幸好包包裡頭有一套禮服，穿上它，把搬家延期，坐那一部車子前往宮內省。那是一九四五年十月六日的事情。

晴天霹靂之大命

一到宮內省，說陛下在等我，立刻晉見。陛下下命要我組織內閣。簡直是晴天霹靂。這完全作夢也夢不到的事，我因為沒有承擔的自信，故說請原諒我恐怕不成，在談話中陛下好像好心疼的樣子。事情至此，也不能讓陛下痛苦下去。如果我能夠做的，我一定會拼命幹到底，我這樣下定決心，故報告說：「幣原雖然沒有幹好它的自信，但會盡全力奉獻」，這樣我告辭了。

沒想到的組閣

組織內閣，對我來說是很大的工程。由於我離開政局很長時間（十五年——譯者），到底那一個人適合於那一項工作，我完全不清楚。好不容易把它搞起來了，現在回想起來，的確是很大的冒險。剛剛吉田茂君出任前東久邇內閣之外務大臣，我便借他的官舍作為組閣本部，但吉田君和組閣沒有關係。常常有所謂組閣參謀，但我的時候沒有這樣的人，我自己就是組閣參謀。

後來我把楢橋渡君找來，他嚇一跳起來，他在法國，對於東京的市債到底要以圓付還是要以法朗支付，以律師的身分辯護了這個大問題，為相當著名的法律專家。他不是內閣的成員，而是法制局長官。岩田宙造君（司法大臣）以前就認識，也多少知道其人格及手腕，到底肯不肯接受不清楚。但好像願意接受的樣子，我覺得這樣很好。松本蒸治君（國務大臣）的事是更後面的事。松村謙三君（農林大臣）同樣在貴族院，多少認識。蘆田均君（厚生大臣）是外務方面的人，所以很早就認識。

大致就是這個樣子，完全沒有預期的我的組閣，自始根本就沒有任何準備。但一個人談好，算一個，譬如次田大三郎君，願意接受書記官長，我就聽他的意見，決定下一件事，如此這般，我完成了決定全部閣員的人選。

嗚呼八月十五日

在戰後混亂的的世相中，我的內閣的工作多如山。其中最重要的就是起草新的憲法。而其憲法的主眼要放在世界沒有例子的放棄戰爭，放棄全部軍備，要重建日本必須走這一條路，這是我的堅決決心。

在此之前，我過了好長時間的浪人生活（即無一定工作的生活——譯者），因為沒有事，所以常常去日本俱樂部。一九四五年八月十五日終戰那一天早上我也去了。不久事務員來說，今天中午有陛下的玉音廣播。我因為沒有聽過要接受波茨坦宣言，乃問說是什麼廣播，她說不清楚，總是這樣的預定。我到二樓圖書館之受信機旁邊，已經有許多人在那裡。時間一到，廣播電台的人說，現在開始播玉音廣播。大家統統站起來。

由於這個廣播，得悉日本無條件投降，大家臉上失色。廣播完了之後，大家站在那裡，沒有人說話。在角落的是三、四個女事務員，因此大家出聲哭起來了。由之打破沉默，大家取出手帕擦著眼淚。這是我終生難忘的，深深的感動。

聽吧野人的聲音

我不想再去俱樂部了。心中一直悶悶不樂。想回家，走出俱樂部，坐上電車。在這電車上，我又遇到令我非常感動的場面。在乘客之中，三十歲出頭的男人，用好大聲音，向對方的乘客喊說：「你到底知道不知道，日本這樣被迫著。為什麼非戰爭不可？我很熱心地看過政府發表的文件，為什麼要打這樣大的戰爭？我一點也搞不清楚。說戰爭是贏了，把敵人打得一塌糊塗，在我們不知不覺之中，帶到無條件投降。我們被政府騙了。可惡的是這些傢伙。」

他這樣大聲喊叫。結果哭起來了。在電車上的乘客，也呼應說是的，不由地大家一起開始鬧。

我眼看這個場面，非常感動。他們所說的都是事實。他們會憤慨是有道理的。戰爭並沒有得到人民的同意，國民什麼都不清不楚，不是自己在戰爭，而是軍人在戰爭。這好像是在看戲，昨天贏了，今天也贏了，半開玩笑地在看。這一種精神分裂的結果，才落到今日慘敗的局面。當然我們想克服這樣的苦難，使日本這個國家再興起來，但不能使我們的子孫，再有不是自己的意思去打仗，必須重新政治的結構，當時我深深有這樣的感覺。

日俄戰爭當時，我是外務省的官員，非常清楚當時的情況，那個時候，國民確確實實和政府在打仗，也就是和軍隊一起在打仗。其情況是每天晚上在舉行提燈遊行，或者舉國旗行進，上千人前往外務省，大喊大叫萬歲萬萬歲。一到晚上，我們的一個任務是，出去大門口，與遊行者對話。一看到他們的臉，大家滿面感動和喜悅，這樣的工作，變成捨不得的工作。可是這一次不是這樣。大家都不講話。在這一次的戰爭，我想沒有眾人行進到外務省來。國民的心情就是這樣不同。

決心要廢棄全部軍備

我完全沒有想到會奉命組織內閣，就任首相時，在我的腦袋中所出現的第一件事就是在那一次電車的光景。我想一定要想辦法實現對大家呼籲的那個人的意思。因此要在憲法中將永遠不戰爭，改變政治的作法。也就是要放棄戰爭，廢棄一切的軍備，徹底的實行民主主義，其他人我不管，我自己，一定要這樣作。這或許是一種魔力，看不到的力量支配著我的腦袋。常常有美國人來日本，說這一次的新憲法，是違反日本人的意思，是不是受到總司令部之壓力的結果？但這完全是我個人的信念，絕對沒有受到任何人的影響或強制。

關於軍備，從日本的立場來說，一點點軍備幾乎沒有任何意義。軍官的任務也許會有些效果，這是當然的事情。如果和外國打仗一定輸的這樣沒有用的軍隊，當然不會有人想去當。因此會想去製造很好的軍隊。戰爭的主要原因在這裡。擁有沒有用的軍隊，不如積極地全部放棄軍備，放棄戰爭，是最確確實實的方法。

還有，我想，比軍備更強有力的是，國民之團結一致協力最重要。譬如現在麥克阿瑟元帥在實行占領政策。由於日本國民在努力於協助他，政治、經濟等其他都圓滿地在運作，但是如果國民統統不想跟他合作，會怎麼樣呢？占領軍要抓不合作的人，以其違反占領政策，把他殺掉。但要八千萬人全部殺光，畢竟不可能的事。數目很重要。事實上是不可能的事情。因此如果每一個國民具有一個信念，認為自己是對的話，即使是徒手空拳也不怕。暴漢來把我的手擰起來，強制我服從他，我還是不會服從，最後的手段是把對方殺掉。因此日本的生存之道不是軍備，而是正義，走正義之大道，訴諸於天下之公論，我認為這樣作最好。

我看過一個英國人寫的《媾和的條件》一本書，它說在第一次世界大戰的時候，英國的軍隊入侵德國。那個時候的作法是，作者說，對方如果真正採取不合作主義，得知如果這樣什麼也作不成這個真理。據說他把這個話告訴了司令官。我讀了它深深覺得在日本，要活下去還是要被殺，以這一次戰爭的作法，即使有軍隊，要被殺時還是會被殺。而且擁有許多武力，會破綻財政，我們將沒有飯吃，所以沒有手上沒有一個兵，反而能放心。日本只有走這一條路。比擁有一點點武力，不如完全放棄軍備，這是我得到的信念和結論。

很不容易的憲法之起草

開始審議憲法草案時，有些規定有些走過頭，有點怕受到社會之責難。參加起草的人們，有的兩個晚上都沒有睡覺，相當辛苦，而放棄戰爭就是其中的一項。又憲法草案，其文句的用法、寫法，都是專門的問題，起草關係者有人與總司令部連絡，這也有相當的議論。

在新憲法，天皇是日本的象徵，用了「象徵」兩個字。我以為這是非常適當的文字。所謂象徵，這和英國的……威衛斯特明斯達這個法律，這是成為聯邦制度以後的事，不是那麼古老的法律。這個法律之中，國王是英國聯邦的象徵，也就是包括加拿大、澳洲南非洲等國之主權的象徵。日本的新憲法，就是得自它的理念。

本篇，以公人的我的回憶，就此告一段落。如我從前說過，一九四五年我未能過隱棲生活，一直到現在還是在過公人生活，作為回顧談太現實，這將來再說。以下，未能納入本文的，加在這裡。

第二部　回想的人物及時代

在進外務省之前

我來稍微談談我學校畢業以後進外務省的來龍去脈。和濱口雄幸君等，從大阪中學，進京都高等學校，這以前我說過，然後畢業東京帝國大學，是明治二十八年的事。我在學校時代，就想將來要作外交官。可是學校畢業的時候，因為患腳氣，這個腳氣衝心，幾乎要喪命。當然不能考外交官考試。無所事事，轉地箱根去玩。

從箱根回來，收到穗積陳重先生來信。說把我推薦到仙台高等學校教書，要我儘量早日赴任。我立刻去看老師說：「感謝老師的好意，但我從來沒有想過要教書，我也不是做老師的材料，」這樣我婉拒了。穗積先生說：「仙台的吉村校長來學校找法科出身者，我告訴他你的事，已經講好了。」我說：「這樣怎麼行，這是有關我一生的事，即使老師這樣說，我還是不能接受。」我想請老師把它取消。好像要教的是法學通論。

不久之後，穗積先生又請我過去。他說：「農商務省需要人，你看？」我說：「我希望進外務省，農商務省不是我的目標。」穗積先生說：「你說這個不去，那個不去。你說想進外務省，外務省要經過考試。而且考試都過去了，先進農商務省如何？」我想這也是一個辦法，於是我問：「在農商務省做什麼事呢？」掌管行政訴訟。好像是律師的工作。

我想不好幹，但我想試試看，於是進農商務省鑛山局。的確省內，這個地方訴訟案件好像最多。

在鑛山帶了一陣子，隔年幾月有外交官考試，以農商務省官員來考試不大好，於是我提出辭呈。「你為什麼要離開？剛進來沒有多久，已經開始懂得工作了，現在馬上要離開，意志這樣薄弱怎麼行？」這樣罵我。我說：「我說我的目標不是要進農商務省。」那怎麼行，不可以，無論如何不肯收我的辭呈。我覺得很糟糕。

那時候之農商務大臣之秘書官早川鐵矢。我流眼淚拜託他，他問我說辭掉以後要幹什麼？我坦誠告訴他我想進外務省。「嗯，這樣也好。」「可是局長不同意。」「不要太在乎。」他收了我的辭呈。我考外務省的考試，開始我的外交官生活。早川這個人，有「頑鐵」這樣異名的很有趣的一個人。

倫敦的紅毛毯

這是很久很久以前的事情，我第一次到倫敦，從現在算起是五十一年前的一八九九年（明治三十二年）。那是我二十七歲的青年時代，奉命以領事官補在倫敦的總領事館服務的時候。我一個人到達火車站，但說好要來接我的的領事館的人沒有趕上，到達之後非常恐慌的有如紅毛毯。

坐船在馬賽登陸，經由巴黎前往英國，倫敦領事館有信來巴黎說：「你的住宿都已經準備好了，在倫敦加林格魯斯停車場，我會帶你去。」我以搭上大船的心情，在那個停車場下車。

可是一直等，都沒有人來。也看不到日本人。我不知道該怎麼辦才好。不知道該到哪裏去。此時我想起來，在火車裡，坐在我對面的那個人的包有旅館的名字。其中我記得有梅多羅破爾飯店這個名字。其他的飯店我都不知道。沒有辦法，就去這一家飯店好了。我舉手，來了馬車。那個時候，沒有汽車，只有馬車。從車站取得行李，把它搬上馬車。他問到那裡？加林廣場的首都飯店。一分鐘就到達飯店。覺得好可惜，又沒辦法。是很堂皇的好大飯店。那一天晚上我就住這裡。

隔天早上，我們那麼約定，領事館還是沒有人來接我。這些傢伙實在太不應該了。我乃雇馬車前往領事館。從馬車上所看到的倫敦，非常稀悠，好像鄉下。大街道也沒有什麼人。後來才知道，那一天是星期日，前一天我從巴黎打的電報，到達倫敦局，是星期六下午，領事館的進口關閉。我的電報沒有動。我當然不知道此種情況，邊想倫敦是這麼鄉下的地方。如此這般，我到達了領事館。

我按門鈴，過一陣子，出來一個老太婆，問：「有什麼事嗎？」我確認這裡是領事館之後問：「沒有人來嗎？」她回答說沒有。沒有辦法，我回去飯店。我想和總領事荒川已次君用電話連絡。倫敦這個地方太差勁了，日本總領事官邸沒有電話。後來裝置了，當時是沒有。

在飯店令我困擾的是，到餐廳吃晚餐一定要穿燕尾服或晚間的衣服。大家都穿著燕尾服。我有燕尾服，但我的行李的一部分還在火車站，放在那行李包裡。因此我遂去隔壁的車站去找我的行李。在另一方面，領事館的人以為我沒有來。大家很擔心不知道我到哪裡去了，有一個館員來車站看，偶然碰到我。但這個人我不認識，互相問「你是誰？」這樣我終於找到要找的人了。倫敦有別斯俄奧達這個名字的旅館，他把我帶到這家旅館住。

我在別斯俄奧達這個旅館住下來以後，馬上出去散步。我溜達溜達附近，第二天也去散步。有一個男人，恭恭敬敬地問我地址番地。我馬上告訴他。我來倫敦沒有幾天，成為倫敦通，還能告訴英國人地址，所以非常開心。

投雪球的小孩

工作幾天，外務省來了要調查某事的命令。那是前往殖民省訊問的事。我奉命去。可是麻煩的是，我對馬車的馭者所說的話，對方聽不懂。再怎麼說，他一直看我。這樣我去殖民省一定說不通話。惟因人手不足，不管說話通不通，我去了。

去殖民省和主辦人見面說話。說得通，把事情辦好了。因此我有點得意，故我的話沒有學問的人聽不懂。有學問的人一說就懂。但與馭者說話說不通還是很不方便。我開始覺得自己的英語不是真正的英語。得用一般英國人都聽得懂的英語才行，因此我覺得有重新學英語的必要。

於是我拜託人找英語的老師。我的條件是，大學畢業還沒有工作，很少與外國人交往的人。如果與外國人很熟，外國人所說的英語發音和表達有錯誤，也就算了。這樣就學不到真正的英語。於是找到了，因此我每天晚上都到他那裡去。

有一天晚上下雪，我到老師那裡。小孩突然跑過來對我丟雪球。這個小傢伙太壞，我追到他，並罵他，小孩嚇跳看著我。我回去住處說這一件事，對方說：「你可能不知道，小孩丟雪球，是那個人幸福的意思。在英國，這是很好的事。所以你要對那個小孩說謝謝你才對。可是你追他罵他，這是不可以的。」如此這般，我反而被人家罵。

重新開始學英語

我在老師那裡問他：「老師你準備怎麼教我？」他說：「我不知道你的程度，你等一下」，他找來一分文件，要我念給他聽。他聽我讀完後說：「我明白了。我知道你的程度了。此時最重要的不是學英語，而是要忘記你所知道的英語。你在日本學的英語，在你的耳朵或嘴巴根深柢固。一掃這些是先決條件。不是學，而是不學。」換句話說，要我忘記從前學的英語。我覺得這很有意思，因此我從ＡＢＣ開始學。

此時此刻我感覺的是，要我忘記從前學的奇怪的發音，但要把它忘記卻非常困難。我每天都讀ＡＢＣＤ，很難通過。因為沒辦法，故在這裡停止。然後他拿出一本書，要求我背三、四頁，我抗議說我做不到，我覺得很無奈，他說演員都這樣做，總而言之，試試看。老師說：「你的英文寫作沒有問題，但你的英語發音不行，所以你說的英語馬車馳者聽不懂。」「是的，所以才來這裡跟你學。」我坦白承認。於是我開始背書。

事實上，英語的發音非常困難，日本的領事館在荷蘭特．羅特，幾番地，但荷蘭特．羅特這個發音，日本人不會。因此松井慶四郎君等是英語的專家，他從大使館要到領事館，把工友找來，說要去荷蘭特．羅特，要他叫車子，絕對不會自己去叫。如果他叫，馭者一定聽不懂。這是很奇怪，工友說對方會懂，日本人說的話，對方就聽不懂。三井之倫敦分公司之經理渡邊專次郎夫人是英國人，她說：「你們說『謝謝サンキュー』這樣說對方聽不懂，這只是說キュウ一就行。」她這樣教。我自己，相信我在日本，我的耳朵是很靈光的。我首次在大阪中學學英語，該校是文部省直轄的學校，這裡是英語老師是英國人和美國人，英語算是得意的科目。首次到英國，還要從ABCD念起，在語學，我經過別人可能不知道的辛苦過程。

「真如的月亮」

現在我想起來，我在大阪中學二、三年級的時候，英文的老師有美國人和英國人各一個人。那個時候在中學由外國人老師直接教的幾乎沒有，所以會話根本不可能。因此外國人老師站在教壇，突然用英語開始上課。當然完全不懂老師在講什麼。有一天，美國人老師拼命地在說話，不知道他在講什麼，好像要我們什麼都可以要我們回應的樣子。沒有人說話。於是我舉手，突然大聲說「シー・ゼ・ムーン」。同學們大家覺得很奇怪，而在發呆。我不知道美國人老師懂或不懂我的奇妙發音，邊笑邊從教壇上走下來，握我的手，拍拍我的肩膀，拚命鼓勵我，同學們更加驚訝。

這些話暫時不說，經過幾十年之後，美國大使館有一個日語書記官名叫阿聶爾，日語非常好。有一次宴會我和他坐在一起，聊天最後，我說「シー・ゼ・ムーン」這個故事時，阿聶爾很認真地表示：「不，你說『看看月亮』有很深的意思。佛教有『真如的月亮』這一句話，你的話就是指的是它。佛教徒最後的願望是要看到真如的月亮。但這是理想，凡人是作不到的。」

阿聶爾是一個非常認真的人，日語沒有話說，他甚至研究古事記和日本書紀，對於佛教的古典也都在研究的的學者，所以對於我所說「シー・ゼ・ムーン」這樣解釋，我不清楚，當時所學的課本，有「シー・ゼ・ムーン・アンド スターー」這樣句子，因為記得它，由於說說，什麼都沒有關係，因此我就把它說出來省略スターズ而才這樣喊出來。

這個大阪中學是當時中學中唯一直屬於文部省，後來變成高等學校搬到京都，也就是後來的第三高等學校。我十二歲時上大阪中學，那時我的年齡差兩個月，不能報考。我自已到鄉公所拜託，主辦人大概覺得我非常認真，照我的要求寫戶口謄本，這樣解決了我的報考問題。濱口雄幸君，從這個大阪中學、京都時代，至東京的大學，跟我一直是同班同學，濱口君學問不錯，惟因體育成績差，所以總分數在我後面，我們兩個人一直爭一、二名。

順便一提，在京都時代，當時有《都之花》這個雜誌，我隨便寫了小說寄給它，刊登出來，我拿到五圓或十圓的稿費。我想沒有人知道我寫過小說。當時我把它給朋友看而洋洋得意。

愉快的租房生活

我在倫敦的租房生活，是在我一生中最幸福的生活之一部分。我在倫敦生活過兩次，第一次是領事官補，獨身的時代。我想換租房，看看報紙上的廣告。有一個倫敦南方史特拉達姆大樓幾番地的租房廣告。我去看了，弄錯番地到了別人的家。主婦出來說：「我沒有登這樣的廣告，我沒有令人住過我的家。」我向她道歉想走，她說：「請稍稍等一下。你在找房子嗎？」我說對的，她說：「我先生回來後我跟他商量看看，我們有房間可以出租。」

到英國鄉村，大部分的人都住一個獨立的房子。如果是公寓生活，大多租兩三個房間，借自己所需要的房間住，獨立的房子因為房間設計的關係，會有所需要以上的房間。我說：「可以不可以給我看看？」她說：「請。但我先生會怎麼說我不知道，所以我不能說可以借你那些房間。」我一看覺得非常好，書房和臥房連在一起。我很喜歡這個房間。過幾天我又去看，說：「可以不可以租給我？」她說她先生也同意了，於是我馬上搬到那裡去。後來聽說她先生問了大使館有關我的為人等等，得知我不是小偷，才決定租給我。

那一家有兩個男孩。大的十三、四歲，小的小兩歲左右。兩個都很可愛，跟我都很好。我坐火車到倫敦的辦公廳上班，黃昏我回去史特拉達姆．大樓車站，兩個人都會來接我。拉著兩個人的手，一起回去。給他們開開玩笑一起玩，這是我最快樂的事。

有一天，我到主人公夫婦客廳去，主人公說：「我忘了。」突然想起某事，把長子找來說：「你普通教育將畢業，怎麼辦？要不要進高等學校？或者有其他的想法？」孩子說：「我不想受高等教育。我做不了學問。」父親說：「這樣隨便回應不行。我在問有關你一生浮沉的大事，你立刻這樣回答不可以，給你三天時間，好好思考之後回答。」

三天之後的晚上，我很好奇，小孩會如何回答。乃至客廳去聽。「決心了沒有？」「決心了。跟三天前沒有變。我找不到要改變的理由。我不適合做研究的工作。所以我準備到貿易公司作學徒。」「這是你的最後決心嗎？」「是的。」小孩大聲回答。父親說：「好。你想自己的將來，認為這樣作最好，你就這樣去做，我不干涉。」如此這般，事情這樣決定了。

隔天早上，母親把小孩帶去商業區。貿易商大都在城市。據說看了四家公司，問：「這個小孩想做學徒，你們想不想要？」其中有一家有興趣，這個小孩就去這一家當學徒。小孩很滿足，每天去上班。

對小孩嚴格的教誨

有一天這個小孩到我房間來，我便問他：「你到城市，中飯怎麼辦？」他回答說：「買一片麵包來吃。」「肚子不會餓嗎？」「有點餓。」「我每天請你吃中飯好了。中飯時間左右過來我的辦公室，然後一起去吃飯。」反正也不可能每天請他吃飯。如此這般，我每天請他吃飯。這樣經過了大約一個星期。

黃昏我回去住處，房東來我房間說：「我聽了很奇怪的事，據說你每天中午帶我兒子一起去吃中飯。這是事實嗎？」他很正經的這樣問。「是的。這不可以嗎？」我問。父親生氣了。如果這是普通的日本人，會說謝謝你，感謝你，但這是不對的。父親說：「你把我對小孩的教育方針全部破壞了。請你絕對停止。」我問：「這到底是什麼理由呢？」父親說：「他現在去當學徒，只領一點點錢。中飯、火車錢、電車錢都不夠。我把他上班所需要的錢算了。譬如一個星期需要三英鎊，他當學徒領一英鎊，不夠的兩英鎊我給他。我們是這樣決定的。所以如果你中午請他吃飯，他會有更多的錢。這樣小孩會買他喜歡的東西，養出這樣的習慣，對他不好。我雖然不是百萬富翁，要給他這樣的錢我是有的，但這樣作，將妨害小孩的獨立性。要讓他早點獨立，你這樣作對他不好。所以我就讓他過極節省的生活。你破壞了我的這個方針，因此請你絕對要停止。」我覺得很不好意思說：「我完全不知道你的方針，對不起。我會停止。」父親很滿意地回去了。

然後我把小孩找來說：「明天以後，不要來吃中飯了」，對此小孩說：「給父親知道了。」我問他為什麼？他說：「我錯了。中飯時候的餅乾太好吃了，我無意中給母親說了。母親一定給父親說。」真是，他很後悔。我覺得好可憐，但卻說：「父親的說法是有道理的。你不要再期待我請你吃飯。你也要努力，開拓自己的將來，成為偉大的人物。」我這樣勸說小孩。

大陸的事情我不知道，英國人有很奇怪的習慣。會把不工作、不賺錢的小孩，送去叫做那斯里這樣的小孩房間，吃飯由下女送到這個房間。不會令小孩進入飯廳或客廳。這一家兄弟兩個人在小孩房間生活，但這一次哥哥開始工作，在飯廳和父母一起吃飯，但弟弟還是住在保育園。因此弟弟到我房間說：「哥哥這個傢伙最近好神氣，和父母一起吃飯，我還是有人送飯，很討厭。」表示不滿。

後來我調往比利時，故不得不和我的租房家人告別。我到達比利時兩三個月以後，大兒子來信。說：「我的學徒工作已經告一段落。我決心前往南非洲。到南非洲的旅費父親會給我。一到ケープタウン看報紙廣告，一應徵，馬上獲得採用了。因此不必再靠父親了。希望你也能夠替我高興。幾月幾日出發。」那是非常愉快充滿希望的書信。我立刻給他回信：「希望你在非洲的新天地好好開拓，將來能夠成為著名的人物。」這樣鼓勵他。

這一次，他從ケープタウン來信。因為人手不足，因此馬上找到工作。他進入相當好的地方工作。爾後因為我回國等等繁忙，現在已經完全沒有消息。

我在美國人的家庭沒有住過，故不清楚，但我覺得英國人的教育非常有趣。這是我們做不到的。僅僅十五、六歲的小孩，自己一個人，旅遊至世界的邊緣，日本人做不到。英國人那個時候闊步世界，的確是這一種教育和習慣所使然，我是這樣感覺。

勞動者的學習方法

這是我在英國時候的事情，還有這樣一件事。還是以外交官補在倫敦領事館服務時，有一個要好的英國人在聊天中說，勞動階級的有志之士，組織經濟問題的研究會。白塔禮拜堂附近是倫敦的貧民街，這裡有湯恩比紀念館，以給予貧民教育和娛樂為目的的公共建築物。這個研究會，每個月集合一次。此時大學教授和經濟學專家會來演講、交換意見，這是非常認真而愉快的集會。

我對它感興趣，很想旁聽，去拜託，主辦人說要去問問紀念館的事務所。兩三天之後，我拿到入場券，我於指定的那一天去旁聽。

在指定的那一天的前一天，這是另外一個朋友，我告訴他明天要去旁聽，這個朋友覺得有一點奇怪說：「你到底知道不知道，湯恩比紀念館附近的情況？」我說：「我不知道。」「若是，最好不要去。那個地方是非常不好的地方，有許多無賴漢，常常打走路的人，讓人受傷。最近也發生了殺人事件。加害者至今還沒有抓到。尤其是明天是發薪水的日子，醉鬼會到處跑。晚上到那邊非常危險。但你如果一定要去的話，最好由牧師陪同去。我有認識的牧師，我想拜託這位牧師陪你去好了。低層階級的人最怕的是牧師，宗教家比法網可怕。」他這樣忠告我。

我由衷感謝這個朋友的親切，聽完了他的話之後，我更想去看看。但是為此事拜託人家，我覺得不大好意思。所以我更想單身入虎狼之心情一個人去。

隔天準時我從領事館雇用馬車，前往紀念館。一進入貧民街，我便叫馬車走慢一點，看了看那附近的情況。有幾個年輕的醉男在那裡走，大聲唱歌，沒有特別奇怪的樣子。

湯恩比紀念館是一個很大的會場，整遍都是人。他們給我坐在前面位子。講師站在臺上，用很容易懂的話說明經濟生活的現況及動向。他的演講長達一個小時半。並說如果有任何意見，請不要客氣，請發言。有一個坐在我身邊有油漆味道穿著勞動者衣服的勞工，用下層階級的口音問問題。

「如果用老師剛剛提到的理論，適用於我們所得到的工資，會有怎樣的實質上的影響？從一方面看，這好像有利，在另一方面可能有不利的影響。」

他的說話理路井然，論述理害得失。另外一個男人，他談住宅問題。不要靠公共的負擔，如何改善勞動者之住宅的論述，他詳細敘述他的構想，請講師作評論。講師一一很認真和很親切的解釋之後，從講臺下來，喜色滿面，與發言者一一握手。並說：「我從來沒有過像今天晚上這麼愉快、有益的黃昏。各位都是根據實際上的經驗，認真研究日常生活的問題。這一種研究，會把社會帶往進化的道路，比暴力革命更能夠拯救社會。反此，如果民眾追求空理空論，無視人生的現實，將孕育暴力革命的萌芽。我非常高興見到各位腳踏實地的態度。由此英國的社會，能夠永遠保障其社會秩序，去除暴力革命。」全場掌聲。我得到沒有預期的深深感動後回家。

從此以後五十年，在這期間，倫敦遭遇過兩次世界大戰的慘禍。老朋友的山川不知道變得怎樣？湯恩比紀念館是否還是維持現狀？我完全沒有消息。一九一二年，再度以大使館參事前往倫敦，很想去看看這個紀念館，因為公務太忙，沒有能夠去。但五十年後的今日，其印象和記憶仍然很深。

懷念德尼遜

明治十三年，美國人亨利・威拉特・德尼遜氏被聘為外務省顧問，得到歷任外務大臣之絕對的信任，服務了三十多年。我很幸運，和他親近的談話啟發我很多。現在我來舉一個例子。

在非洲，尼羅河的根源，有布魯・尼羅和懷德・尼羅河之二流。其中一流，幾十萬年以來，充滿動物之死屍之分解的成分，另外一流，也是幾十萬年以來，也充滿植物之枯木、落葉之腐敗的成分。可是只是動植物的成分，或只是植物質的成分，其本身不能成為完全的肥料。可是以上之尼羅之兩河，在卡爾茨莫之前合流，其合流點，即使渦而激流，因為這樣激流的作用，兩種成分適度的調合會變成理想的肥料。這個肥料流入尼羅河的本流，隨尼羅河之氾濫，將水中之肥料沉澱於兩岸。因此尼羅河沿岸地方永遠擁有人工肥料，或不必搬運，自然成為廣漠的沃地。可以說是世界的一大天然的奇蹟。

「可是在日本，也有跟它類似的一個奇蹟。日本自明治時代的初期以來，所謂『歐化主義』俄然勃興，其一派以日比谷之鹿鳴館為根城，舉行洋式的社交聚會，沉醉於晚餐會、夜會、化妝遊行，以為以日本式社交方法，不能和列國對等交往，有害無益。」

「我（德尼遜氏）擔心以日本的歐化主義者走向極端，把日本之傳統文明、道德性格優點丟棄、抹殺，勸導政府的有力者，設法阻止。可是明治二十年谷干城氏從考察歐洲回國之後，突然提倡所謂『保存國粹主義』，誇張日本文明之優秀，輕視西洋文明之價值。這個主張在當時好像有其魅力，日益風靡人心，逐漸陷於偏激，甚至加上排外思想，開始擔心停止日本之進步革新。」

明治二十七年八月，日本向清國宣戰，一般國民直感祖國之浮沉興亡，乃在國內興起歐化與國粹兩個陣營之對立和相爭，隨自覺政爭之危險性，兩對立主義乃　靜下來，終於渾然融合，為達到戰爭之目的，全國國民遂團結一致，共同英勇邁進。歐化主義和保存國粹主義這樣的名稱，自然衰退。

「畢竟甲午戰爭是扮演藍色尼羅和白色尼羅兩河之合流點之カルツーム激流之角色。今後在日本內部，為重大問題，輿論分裂對抗，一旦面對國家存亡，由於日本人特有的愛國心，能夠發現脫離危險的適當方法。我（德尼遜）相信，日本會有幸福的將來。」

德尼遜氏於大正三年病逝於東京。為日本奉獻其身命的這位恩人，從墓穴看到今日日本之敗戰的樣子，一定會非常傷心。他去世的當時，我在英國日本大使館擔任參事。爾後我回國，他的遺囑執行人拿他親筆簽名寫的遺書給我看。我反覆讀它再三，覺得心要破碎。對我來說，最寶貴的他的遺贈藏書，於大正十二年的關東大地震，在駿河台的私宅大半燒失，其他的部分，於一九四五年春天，在千駄谷私宅遭到轟炸，全部燒掉。我想起過去，真是感慨萬千。

日本人的英語

德尼遜氏是我忘不了的先生。他常常對我說：「我常常被拜託改他們的英語，我實在無從改起。如果要我幫他們重新寫可以。井上（十吉）這個人是英文的名人，他的英語是正確的。正確的實在無從改起。也就是說，英語是否正確，而要作美國人或英國人，非以這樣的心態來寫，是感動不了別人的。」

我在倫敦重新學英語，被令背誦各種各樣不同的東西，這幫助了我的學習英語，總而言之，德尼遜是我的英語老師。我為電信課長時候的官舍，靠近德尼遜的官舍很近，在外務省構內。我早上起來，就跟他一起去散步。沿著皇宮外城河，繞著走。這個路途是蠻遠的。需要三十分鐘至四十分鐘左右。我們邊走邊談。

我擔任電信課課長很長時間。因此和德尼遜的交往也很長，我們一直很要好。所以我從他那聽了許多話。其中一件事是，日俄戰爭之前，大臣的小村（壽太郎）桑把德尼遜找去說，「俄國無論如何，不肯從滿洲撤退。事態非常麻煩。因此想和俄國開始交涉。希望起案給栗野駐俄國公使訓電案，請你起草。」德尼遜答允，回家想想，但無從下手。想了一個晚上，還是不行。隔天早上去小村桑官舍，淡白告訴他這個情況。

「要我寫的電文，連一行都寫不出來。因為我不知道大臣的決心如何。如果對方不接受我們的意見，我們將訴諸武力，大臣有沒有這樣的決心？如果無論如何，想避免戰爭，如果告訴我大臣的最後決心，我就可以寫。如果要寫兩邊都通的文案，我可以寫。」

小村桑靜靜聽過他的說話，說：「這要看談判的結果。」對此德尼遜說：「我明白了。」回家之後，馬上寫好電報案文，交給小村桑。

我問德尼遜說：「稍微等一下。若是，小村桑有沒有覺悟，其寫法的不同在哪裡？」德尼遜回答：「如果小村大臣有非常的覺悟，電文要儘量寫柔和一點。也就是說，日本絕對要和平，對妥協有誠意。反此，相反的時候，一定要成立的話，要寫強硬一點。也就是說，那一種時候，要寫強硬一點。嚇嚇對方。小村大臣最熟悉情勢，不管怎樣交涉，俄國不會讓步回應。最後以交涉不成功，只有開戰之一途。看準交涉不會成功，所以說要看的經過。這是看準交涉不會成功，會破裂。我判斷小村大臣有此決心，你看看，我是寫得很溫和的。」我覺得有道理，再度取出電報文來看，再讀一遍，寫得非常含蓄柔軟。

爾後，我以大使館參事前往英國。有一次和他們的遠東局長等聊天有人說：「不知道給日本駐俄公使的日俄交涉的電訓文是誰寫的，日本的外務省有這樣偉大的人物，那的確是寫得好的不得了。因此最近進英國外交部的人，以這一篇電文為範本，讓大家讀。寫作它的人真是偉大。」我也同感。

那個時候的外務省，除德尼遜之外，還有一個叫做史蒂文斯這個人。德尼遜對他說：「人家請你寫東西的時候，寫一頁，不會看辭典，這是不可以的。我寫一頁，一定會看三、四次辭典。要這樣用心。隨筆寫是不行的。」由此可見德尼遜如何慎重，用心研究。

德尼遜原來是美國的領事，在橫濱。據說美國的特．龍格公使把他推薦給外務省。德尼遜之所以偉大，如前所述，日俄交涉之電文，其中只有一個是小村桑自己寫的，其他全部都是他寫的，那篇發表之後，大大得到歐洲的同情日本。法國雖然是俄國的同盟國，對於日本所採取的措施表示理解。這是因為受到德尼遜之電文的感動。對日本俄國這樣霸道，而同情日本。當時日本所發行的軍事公債，在巴黎也有許多人買。而且德尼遜是一位很謙虛的人格者，不誇張自己的工作。

我以大使館參事前往美國時，他得到大臣的許可回國，有一次同船。在這之前，他整理辦公室抽屜裡的文件，我協助過他。此時發現當時之前逑日俄交涉的電文文件草案。一次又一次地修改，實在很好玩。真的很不容易，多的甚至修改十幾次。這是很好的紀念。我問他這個東西送給我，他想了想，把這些文件放在火爐把它燒掉了。我大聲叫了一聲「呀！」文件變成灰。我說：「你發神經病了嗎？」「不，我沒有發神經病。我如果把它給你，你一定會把它保存，會傳給別人，這樣可能會傳說德尼遜在日俄交涉扮演重要角色這樣的傳言。這個交涉之所以能夠成功，完全是小村桑的功勞。我完全沒有得到其功勞的資格。」

他雖然這樣謙虛，一管之筆，能夠令世界同情日本，還是他的很大功勞。他將這樣的證跡把它消滅了。我看著他的臉，我一時無法控制自己的感動。大部分的人，功自己得，失敗推給別人，這是普通人的做法。可是他不這麼做。德尼遜的高潔人格，凡人是絕對做不到的。

愛特華・格列爵士的回憶

邊頓虐殺事件

我第二次以參事官前往倫敦時，有一件事令我非常感動。其外交部長是愛特華・格列爵士。英國人在墨西哥擁有的油田，由於墨西哥人收回利權之慾望，把那工場燒掉，殺死了經理。我記得這個人名字叫做邊頓。英國的輿論沸騰。

我為了某些事去了英國的：外交部，辦完事後和遠東司長聊天。當時我說：「報紙報導邊頓虐殺事件好像很猛，到底那是怎麼一回事？」「真是豈有此理！」他這樣說。「英國以為被殺的就算了，為保護在墨西哥的英國僑民，英國決定派遣軍艦前往。對此美國表示不滿。雖然說是為了保護僑民，要把軍艦派往美國，美國當然不能不表示態度。說這是對美國的一種侮辱。原來，美國有門羅主義。美國人說這違反門羅主義的傳統政策。於是英國說，那我們就不派軍艦，但提議要美國保護他們的僑民。美國政府說，美國沒有保護英國人的生命財產的責任而拒絕。美國政府不講道理，真是豈有此理。事件的去向還不清楚。」

我那一天晚上得知國會要質詢這個事件。我很想去旁聽，因為答應另外一個約會，故去不了。因此令一等書記吉田伊三郎君去旁聽。十一點多，吉田君打電話給我說：「這將成為很大的問題」。他把那一天晚上之國會的情形告訴我。

英國國會的質疑形式非常簡單，「外交部長對於在墨西哥這樣的人被殺死，工廠又被燒掉，你知不知道這一件事？」外交部長格雷簡單回答說：「我肯定這一件事。」「你準備採取何種保護手段？」「我不採取任何手段。」格雷這樣回答。也就是說，肯定前者，否定後者。就這樣回答。聽了它的吉田君說，人被殺，財產被燒掉政府不採取任何行動，格雷實在夠大膽。吉田君認為輿論不會贊成，而很悲觀地回來。

英國國民的常識

因為我對它也非常有興趣，故看了隔天的各種報紙。令我驚訝的是，支持政府和反對它的報紙都說，格雷的答覆非常得體。這是英國能夠採取的立場，而稱讚格雷。為什麼他們稱讚格雷搞不清楚。剛剛來了新聞記者，問他：「昨天的愛特華．格雷的答覆，得到各報的稱讚，我搞不清楚它的理由。如果這在我們的國家，外交部長作這樣的回答，那一天晚上一定會被殺掉。這是什麼道理？」對此這一位記者先生說：「這是當然的，為了這樣的事件，和美國能夠戰爭嗎？」的確也是。不能戰爭，再吵也沒有什麼用。這反而會使英國的權威下降。所以最好不要多嘴。以這樣常識來判斷，格雷的答覆是對的。

英國的一般國民，對於外交上之問題具有常識，由這例子可以瞭解。這一種情形，在日本是不理解的。英國的外交官在國際場合，特別光亮，是因為一般國民具有這樣的常識，能夠看大局，看著前後這樣下去會怎樣。所以認為不要想太多。會覺得無聊的打架是多餘的。英國人就有這樣的達觀。這個英國人的常識，因為有這樣的國民，其外交部長便很容易幹。如果我們這樣回答，老早就被幹掉了。這一點非常令人羨慕。

內外的新聞記者

如剛才所說，英國的國會對於議員的質詢，否定的時候說「No」就行，但在日本的國會，會這樣反駁「有這樣的事情嗎？」「為什麼在這裏不能說？」不會放過你的。新聞記者的態度也是完全一樣，外國的記者這邊說「No」，夠了。日本的記者不是，從各方面，打破釜鍋問到底。曾任AP社長的梅維爾．斯頓，這是樸茨馬斯條約時代非常活躍的記者，他著作《記者生活五十年》一書。它說：「聽得最多寫得最少是最好的報導。」可是日本的新聞記者，聽一點點卻寫的一大堆。

華盛頓會議的時候，美國的記者來相當多，但他們都有自己的分辦見解，說：「這些話不要見報比較好吧」等等，會給對方提醒。最近前來日本的外國新聞記者，都會這樣說。告訴對方不要寫，他絕對不會寫。因為這樣做，彼此諒解，他們也就能夠晉升。現今在日本的外國記者，人員完全換了，但品質沒有變。新聞記者的品格或美點是，把自己知道的事情告訴他，給予教育，非常重要。互相批判，開誠布公談，這樣雙方才會進步。

不過也有這樣的情況。有一個新聞記者說好絕對不寫的事，在旁的報紙刊登出來了。這是他把這個消息以特稿賣給他的朋友的結果。也有這樣不三不四的記者。現在可能已經沒有這樣的人了，這是我在外交部時代的事。

倫敦泰晤士報是第一流

外國的記者中，我在倫敦的時代，泰晤士報的巴連達因．吉羅爾等是，令人感動和佩服的記者。吉羅爾已經是六十歲左右的人，但還是在第一線奮鬥。史吉特也是五十歲左右，在訪問外國的大使。這個史吉特在巴黎待過三十年的老練記者。他們被派往各地，晉升以後便回去本社，編輯幹部。

我在時候的泰晤士報，據說發行六萬、七萬份，但其讀者數目據說有幾十萬人。因為我們外國人沒有什麼義務，大致上都會買泰晤士報，在租屋時會借該報來看，大家甚至爭得看。泰晤士報的定價比其他報貴兩三倍，所以很節省的倫敦人，不一定會去買。因此就我們買的泰晤士報就會被拿走。在租房如果有十個人，十個人輪流看，這樣賣一份，等於有賣了幾十份的效果。而且全部讀完了之後，把它寄到地方去。因此賣一份泰晤士報，具有等於賣了幾十份的效果。發行部數雖然不多，但經營很大。我忘記了名字，在俾斯馬克時代，在歐洲大陸活躍的著名記者，雖然是一個記者，他的薪水比英國的大使還多得很多。說到英國的大使，其待遇一定很好才對。新聞記者的待遇比他還多，這是一個大問題。

高潔的外交官

英國之外交部長愛特華．格列爵士是，非常典型的英國的君主。

我在倫敦服務時，常常到他那裡拿到情報，他的回答是簡單明瞭，不含糊，非常方便。即使是機密的事情，即使報紙沒有報導的事情，也會告訴我。事情談完了，就不再說話。大部分的人，會覺得不好意思，多會談其他的事，但他決不會再說話。只回答要點，話說完了，就不再開口。

關於愛特華．格列有這樣的故事。他首次出任外交部長時，他的家是歷代的舊家，擁有各種各樣的財產。他把他家的股票和証券類全部賣光。因為出任外交部長，要參與樞機，知道外國之實際情況最多。所以如果擁有股票，可能會被人家懷疑。因此把祖先留下來的股票類全部賣光，然後才出任外交部長。在同一個內閣，記得是羅夷特．讓治是財政部長，因被商務大臣或某人勸告，買了些爾石油的股票。這很有希望。可是此事被人家曝露，成為好大醜聞。與其相比，格烈一就任部長之同時，馬上把証券等全部賣光，所以他被大家認為最高潔的人。

關於他的潔癖，還有這樣的故事。任何國家都有電信的密碼，大家都在互相盜取密碼。英國偷美國的，美國偷英國的，互相偷來偷去。日本也是一樣，偷別人的，被別人偷的，大家偷來偷去。英國的外交部，也在搜集密碼的情報，送上格烈那裡，但他絕對不看這些東西。

「啊，密碼的翻譯文？把它扔算了。」連摸都不摸，叫對方把它丟去。根據他的說法，看這樣的東西判斷事情的話，反而會破壞自己的判斷。利用這樣卑劣方法偷的情報，決定自己的政策，絕對不可以，這是格烈一貫的方式。

我也向他稍稍學了一點點。我擔任電信課長的時候，有一個奇怪的外國人，要我買美國的電信密碼。一查，好像不是假的。於是我遂給華盛頓大使館打電報，說國務省（外交部）的電信密碼被偷了，到我這裡要賣給我，我沒有理他。於是外交部非常高興，說密碼馬上會更新。沒有這樣提醒過我們的國家，而非常感謝。

格烈晚年眼睛非常不好。我到華盛頓擔任大使的時候，英國的皇太子來美國旅遊，舉行了宴會，格烈也出席，要和某有名婦人牽手出宴會的安排。可是因為他的眼睛不好，不知道那一位是他的對手。大家都已經進入餐廳了，只有格烈一個人站在那裡。因此我去問他，「記得你要和某夫人一起進來的」，他說：「就是找不到哪一位夫人。」一看，那一位夫人沒有人帶她，她就一個人進餐廳。因此我把那一位夫人帶去格烈那裡，兩個人才一起進入餐廳。

外交調查會之前前後後

伊東伯爵之「外交通」

一九一七年六月，在寺內內閣之下，成立外交調查會，其委員都是部長待遇。那個時候為外交部次長的我，擔任調查會的幹事。委員之一個人伊東巳代治伯爵是非常努力用功的人，召開調查會之前一天晚上，一定會把我叫去他家，聽取外交之經過實際情形等等。當天晚上寫好自己的議論，寫在筆記本上，滔滔發表其議論。因此他所說的話，理路井然，其他的人無從和他辨論。但其材料，全部得自從我。故內心覺得好好笑。

那個時候，隨第一次世界大戰之媾和會議之進行，有國際聯盟規約案中委任統治的問題。委任統治分成A級和B級，A級適用機會均等主義，B級沒有明文規定。這有疑問。從日本的利益來說，日本之委任統治多是有如貓的額頭之小島，赤道以南濠州之委任統治領很大。因此在這樣廣大地域適用機會均等主義，為日本工商企業之發展，相當有利。因此有把它規定清楚的必要。

伊東伯爵在外交調查會席上問，對於國際聯盟規約之規定案，外交部有沒有什麼意見。我說有把委任統治之機會均等的保障予以明文規定的必要。對此伊東伯爵說：「這不是大問題。」我說：「不，這是相當重要的問題。」我這樣堅決主張，但他還是不理。最後說幹事要退席，被會議趕出其位子。

不久，我出任駐美大使，那個問題不知道後來怎麼樣了，我並不清楚。加藤（友三郎）全權來華盛頓參加海軍裁軍會議，在聊天時，加藤全權說：「跟你見面的時候想問問你，對於B級委任統治權，要適用機會均等主義的問題，你好像在外交調查會表示要說清楚，我記得你是這樣說的。」加藤全權一直是外交調查會的委員。根據海相的說法，爾後關連南洋諸島之通商問題，為B級委任統治是否適用機會均等主義，在海軍和外交調查會產生現實的疑義。於是在會議席上，伊東已代治伯爵，把他擁有的紀錄拿出來念。「根據它，我當時問外交部有沒有意見，幣原說要把B級委任統治領，明文寫上適用機會均等主義，對此伊東說，這不是重要問題，而通過原案。現在回想起來，沒有用明文寫下來，這是外務省的錯誤。」而批判外務省。

根據海相的記憶，伊東伯爵的紀錄，與事實完全相反，而問我其事實。對此我說：「這個問題是，在外交調查會討論的前一天晚上，把外務省研究利害得失結果得到的結論，在外交調查會，我對伊東伯爵之問話，我所做的回答。我怎麼會回答和外務省研究結果的相反意見呢？」海相說：「我想也是。」而表示理解。伊東伯爵所念的手記，因為戰災，可能不存在了。

伊東伯爵的文章和口材都是很行的。第一次若槻內閣時，他向樞密院提出臺灣銀行救濟案。由於它是有關內閣之命運的重大問題，故我也以外務大臣身分出席樞密院會議。當時伊東伯爵滔滔不絕地，作了反對政府案的演說。在這演說中，發生了南京事件，轉變攻擊外交。並開始說我的壞話。壞話我還可以忍耐，他故意歪曲事實，把白的說成是黑的。亦即在南京日本人那麼被搶奪，遭受很可憐的情況。把它隱藏起來，不許報紙報導。外務大臣命令報社不可以報導南京事件，甚至不顧陛下之御前，「不知道的只有先生」，這樣漫罵，一直罵我，侮辱我。

我看若槻首相以下，都很緊張，所以不敢和他們商量，乃用鉛筆在紙上寫：「我可以不可以發言？」後傳給首相。他寫條子回說：「可以，簡單一點。」

「今天諮詢的問題是對於臺灣銀行的貸款問題，沒有問到對中國之外交。對於沒有諮詢的問題，要議論到底是什麼道理？可是伊東顧問官現今論及南京事件，詳細非難攻擊外交行動，這樣的問題，與今日之諮詢問題有什麼關係呢？對於沒有諮詢的問題非難攻擊政府之行動，樞密院官制所定權限上可以允許嗎？尤其是伊東伯爵，對於我所沒有想過的事實為前提痛論。我絕對沒有命令報社禁止刊登報導的權力，也沒有發出過那一種禁口令。

如果說有，你拿出這樣的證據給我看。沒有詳細調查，隨便依自己一個人的臆測，製造虛構事實來論斷，是非常不應該的事情。在陛下御前，以虛言中傷我到底是什麼道理？以這樣行為欺瞞社會的責任你們覺得如何？」

我的發言逐漸激烈，若槻首相似乎有點緊張的樣子。財部（海軍大臣）小聲說：「不要理這樣的人。」但我認為我如果不說清楚，對方會愈來愈囂張，所以徹底的予以反駁。

伊東伯爵臉上通紅，非常生氣的樣子，因為是御前會議，沒有反駁我，那個時候就這樣過去。可是會議之後出去走廊，伊東伯爵便大聲說：「你這個傢伙實在可惡，在御前罵我，豈有此理。」他對我說你這個傢伙。對此我說：「誰才是可惡？」於是展開了非常緊張的局面，好像流氓打架的樣子。我說：「要幹就幹」，我捲了襯衣袖子。旁邊有各種各樣的人，說「嘛嘛」、「算了吧」，把我們兩個人拉開。如果沒有人把我們拉開，我很可能揍他一頓。那個時候我年輕，我的力氣比他大多了。

可是以後，他還是寫信給我等等，老巧或是表示後悔之意，拼命慰撫我。

現在回想起來，當時我年輕力壯，故搞起了這樣的旋風，但對伊東伯爵並沒有私怨。他的遺靈，一定能夠諒解我的心情。

後藤新平的一面

我把話說回來，寺內內閣時，後藤新平內務大臣（內政部長）轉任外務大臣（外交部長）。這個人是蠻有意思的，他說：「我從內務省轉到外務省，是我一生中的失敗。」有一天，從內閣會議回來，到次官的我的辦公室來，問我說：「我把這樣的事告訴陸海軍大臣和參謀總長，請他們同意。這樣沒有關係吧。」這好像有關陸軍之行動的問題。我說：「這怎麼行。這是不可以的。」我立刻反對。於是後藤說：「請稍候」，立刻打電話給陸軍大臣和參謀總長說：「剛才的話我同意了，但現在我要取消它。」什麼地方不好，為什麼要取消，都不說理由。陸軍大臣和參謀總長一定覺得非常奇怪。後藤桑用電話把它取消之後問我說：「你說不行，到底是什麼地方不行？」

寺內桑的威士忌

關於寺內桑有各種各樣不同的故事。寺內桑擔任陸軍大臣的時候，我住在電信課長官舍，它靠近陸軍大臣的官舍。早上起來，找不到我養的兔子。好像給狗搞走了。從狀況判斷，好像把牠帶去陸軍大臣的官舍。不久，陸軍大臣的秘書官過來。以非常嚴謹的態度說：「昨天晚上發現寺內閣下養的狗，咬死了你們的兔子。非常對不起。我是奉閣下之命令前來道歉的。」因此我非常感動寺內桑的周到。

然後，寺內桑出任總理大臣，我是外交部次長，在某種聊天的時候，寺內桑說：「你們在英國帶過的人，說威士忌是百姓（農民）喝的劣等酒，這是不入流的玩意。」這樣獨斷說。於是問我說：「你到底在喝什麼？」他說柯尼亞克最好。於是我問說：「您知道不知道真的威士忌的味道嗎？」

他好像有一點輸了的樣子，但卻又不認輸。這是他逞強的地方。最後我把我特別珍藏的威士忌的因緣說明了之後，說：「送您一瓶好了」，「好，去拿來。」

這個威士忌是，我在英國時和威士忌酒公司董事是好朋友，他特別送給我的，現在只剩下幾瓶。我送他兩瓶。過一陣子，遇到內閣書記官長的兒玉（秀雄）說：「那個威士忌是特別的優秀品，大將說他要自己喝，不給你們喝。你們不可以喝，而不給我們喝。」以後遇到寺內桑，他非常開心說：「你的威士忌的確非常好。所以我要還你東西，陛下送給我的白蘭地酒，我送你。你送我兩瓶，我也送你兩瓶。」

我說：「我並沒有期待您還我東西。感謝您的好意，您是總理大臣，我是小小的次官。不能說我送您兩瓶，您也要送我兩瓶。我想不必這樣做好了。」我這樣開玩笑說。先生覺得很奇怪，不久之後就送來了三瓶白蘭地酒。

這個特別的威士忌酒是，我在英國服務時，跟我要好的造酒公司的董事送給我的。他對我說明，威士忌酒是，載運在帆前船繞世界三周的最好。為什麼帆前船好呢？帆前船是和汽船不同，載貨會很有規律而不斷地搖晃。因此威士忌會變好。但是要繞世界三次，計算其運費以及其他開支的話，會很貴，不會有人買。所以其最好的，便由公司之董事等獨占，在他們家裡自己喝，他說要分一點給我，我得到這些，把它藏起來，洋洋得意。

可是在我住處之倫敦的郊外房子，在後面庭園排有椅子，一到晚上附近的人便來這裡，聊聊天，開開玩笑，很快樂地過著黃昏。我把這個威士忌帶去這裡，雖然是英國人，都會說從來沒有喝過這麼好的威士忌酒。我和這些人成為朋友，黃昏聚會，請他們喝這個威士忌酒，到我轉任前往歐洲大陸，這些人便抗議我說，那個威士忌怎麼辦？這不是喜歡我，而是喜歡這個威士忌的緣故。

晚年的寺內伯爵

晚年的寺內桑，身體衰弱，沒有往昔的元氣。我還是次官的時候，記得是大正七年夏天，有一天去訪問病中的寺內桑，躺在床上的寺內桑瘦得很厲害。寺內桑說：「我在本野外相的病臥中，就外交問題，我從前提過，我指示過他，因為身體不好，那一種事情，已經拜托加藤友三郎海相，請其一切和加藤商量。」因此一段時間，我常去海軍省。

不久，我出任駐美大使。在華盛頓，寺內桑給我寫了親筆簽名信。文意說：「你在外務省服務時，得到你各種誠實的協助，我現在仍然在感謝你。你赴任美國時，我本來想去橫濱送你，因為生病，住在大磯，身體又不能動。因為覺得非常遺憾，沒有辦法去送你。你年輕力壯，但請你還是要保重。這封信是在病床上寫的。」這一封信是令我要流眼淚的真情流露。

可是隔天新聞電報報導寺內桑去世的消息。換句話說他寫完這一封信之後不久便去世。我一再地讀他的信，令我感慨萬千。好可惜，這一封信，也被戰災燒掉了。

苦心於對德最後通牒

第一次世界大戰的時候，我是駐荷蘭公使。是大隈內閣的時代外務大臣是加藤（高明）。日本決定對德國提出最後通牒，因為通信杜絕，不能對柏林通信。因此外務省研究結果，命令打電報給德國之附近國家瑞士、奧地利、荷蘭的日本大使館，然後由其轉至柏林。一看，是非常重要的事情。應該設法早日送給柏林大使館才行，但又沒有方法。可以用荷蘭人，但如果搞不好，會發生很大的問題，所以當時我苦心萬分。

那個時候，荷蘭公使館有橫田誠一郎外交官補和時田書記生。這個人一到隔壁房間就開始議論。「那個我帶去」，「不，你留在這裏，我去」，兩個人的吵聲越來越大。這是要突破國境，要把最後通牒送到柏林大使館，為承擔這個重大使命，互相不讓的吵架。聽到它我非常高興，覺得非常難得。在監視嚴格的國境被抓到的話一定會坐牢且有被殺死的可能性。敢冒著這樣的危險，願意自己犧牲這種精神，令我非常感動。但我自己，都不忍心他們兩個人陷入這樣的危險。我覺得應該使用更有效適切的手段才行。

那個時候在荷蘭的德國公使，跟我關係不錯。我往訪這個公使說：「在柏林的人生病。根據通知可能活不了今天明天。他的妻子擔心，希望有人去柏林看看他，這樣拜託。因此需要有人去聯絡，你看有沒有什麼方法？」

德國公使將此事請示德國政府，德國政府不同意，政府不許其入國。我的奇計失敗了。但四個中之一個，和柏林聯絡到了，這是哪裡我不記得了，終於和柏林取得聯絡，我國最後通牒終於能夠交給德國政府了。

駐奧地利的佐藤大使（名叫愛麿，現任參議院議長之父親），日本和奧地利斷交將要回國的時候，在奧地利國境內，被暴民投石頭，遭受侮辱。這好像在奧地利也覺得非常不好意思。

有一天，荷蘭外務省希望和我見面，我去了，外務大臣的勞頓說：「在奧地利該國的暴民，對貴國之佐藤大使投石頭侮辱等等，這是文明的恥辱，我覺得非常遺憾。希望把我的歉意轉告日本公使。」勞頓以公使長年在日本待過，佐藤大使是我的前任者，有在荷蘭駐在過的緣故，所以給勞頓這樣的電報，一定會把它傳到日本。

我的談話有些前前後後，如我在前面所說，我從電信課長移至海外生活，從華盛頓到英國，從而出任荷蘭公使，後來回國出任外務次長。然後駐美大使前往華盛頓，參加第一次海軍裁軍會議，以一個全權代表身分，擔任折衝之責任。在這期間有過背後的故事，這是我在前面說過的。

我對西園寺公爵的回憶

從柔弱外交至強硬外交？

大正十三年六月，成立第一次加藤高明內閣，我出任外務大臣，（幣原和加藤是連襟，兩個人的夫人是姊妹——譯者）。然後第二次加藤內閣、第一次若槻內閣，在這三代內閣，我擔任外交部長。然後政友會之田中義一內閣之後，我又出任濱口內閣之外務大臣，以至第二次若槻內閣之總辭職，前後在職四年半。從軍部以及政友會之所謂強硬外交論者，以至被攻擊柔弱外交之本家本元，是這個期間中的事情。

在西園寺公爵去世稍前，他告訴過我。政友會之一個政客，前來西園寺公爵處說，幣原的柔弱外交是不行的，無法進展日本的國威。於是西園寺公爵說：「你到底知道不知道所謂軟弱外交是什麼？幣原所推動是的是強硬外交。我看他在推動這樣的強硬外交，真希望它能夠成功。」這樣反駁對方。西園寺公爵把這個事情告訴我，他們由之更恨你，後來覺得有一點不大好意思。

幣原外交的實際究竟是什麼，大家常常這樣問，那是一加一等於二或二二為四。對此二一添作之六，二二為八，這樣不合道理的作法，騙騙對方，無理取鬧當作外交，那是大錯特錯，外交的目標是謀求國際間的共存共榮，也就是英語的live and let live.

聚遠莊

談到西園寺公爵，還有這樣一件事。昭和二年我辭去若槻內閣之外務大臣之後，我患盲腸炎在逗子之小坪養病。那個房子是志村源太郎氏賣給我的小小別墅。昭和三、四年，原田熊雄君拿來西園寺公爵的揮毫給我。那不是我所拜託的取名的。而是給我的別墅取名的。它用好大字寫著「聚遠」，「公望題，時年七十又九」。以幣原生病，可能很寂寞，為多多少少安慰他，要原田帶來給我，因此我非常感謝公爵。

西園寺公爵，要取這個名字時，還特別由東京請漢學家前來興津，鑑定「聚遠」這兩字有沒有不吉祥的意思。這個漢學家說書經有這樣那樣例子，易經有這些例子，說完全沒有問題。於是叫人磨墨水，喝了一瓶酒之後，寫下幾十張。從這些，挑選一張自己最喜歡的一張給我。另外還寫了一張軸物給我。

爾後我病好了，我便前往興津去謝謝他。此時西園寺公爵問我：「你對聚遠兩個字的意思有什麼想法？」我以被考試的學生心情回答說：「從那所房子可以看到富士山和箱根連山。是不是一望可以看到遠方景色的意思？」

「不對。」一句話就把我考倒了。

「遠是世界的意思，是你在集世界之希望的意思。」中國的學者很能夠寫巴結的話，我從西園寺公爵獲得的是，中國人之所謂「不敢當」，覺得非常懺悔。

戰爭的末期，這個別墅被海軍收用。海軍把這裡當作砲台，在奇怪的地方作隧道，砍掉樹，變成荒涼落寞地帶。

那座房子有各種各樣書籍和日用品，故有一天我去拿出來一部分。可是衛兵不讓我進去。我自己不能進去自己的家。我問隊長在那裡，他說隊長在附近住宿。我去找他交涉。這位軍人是早稻田大學出身，原來不是軍人。一時被召集，為中尉或大尉。我說我想進去我家看看，他說：「沒有問題。我和你一起去好了。」

這一次衛兵敬禮，我便進去。令我嚇壞了。在西園寺公爵命名的聚遠莊門口貼著「小坪砲臺」四個字。什麼風流不風流。

戰後傳說我將組閣的時候，美國的新聞記者來求證，我是不是那個人。

「我說我不清楚，大概不會吧。因為我是戰犯。現在我才要坦白說，我在戰爭中協助了戰爭。對於軍事行動事實上曾積極協助過。所以可能被指定為戰犯。不可能再就公職。」我這樣開玩笑說。

這個記者驚訝問我說：「你沒有這樣的嫌疑。但你到底作了什麼協力呢？」

「這是不能太公開說，我的家曾經被用來當作砲臺。這不是很明顯的證據嗎？」我這些話被刊登在美國的報紙，成為一場笑話。後來美軍在那裡登陸作戰時，日本海軍便從那個房子的大砲，移往横洞，作為海軍砲。

可是在戰後的某一天，村莊的小孩，從海岸進入海軍所搞的隧道去玩的時候，可能因為有小量火藥，突然爆炸，有幾個小孩受了傷。

米內光政與山本五十六

在太平洋戰爭以聯合艦隊司令長官馳名的山本五十六元帥是，我任大使在華盛頓任中，為大使館武官，我們一直在一起，我們兩個人感情很好。

我記得那時候他是中佐左右，他非常能吃。另外一個人是大使館參事佐分利貞男君，他也很喜歡吃，有一次我請他們兩個人一起吃晚餐。飯前到餐廳一看，餐桌上中央有壽司。這個壽司在大碟子堆積如山。我叫料理人罵他，「這樣不好看，怎麼可以這樣搞呢？沒有人能夠吃那麼多。」對此料理人說：「據說今天山本桑和佐分利桑要來，所以才作這麼多。這是他們要求的。」的確，這是他們兩個人事先特別吩咐的。

他們兩個人不喝酒。一開始吃飯，不說話，默默地在吃。我邊喝酒，陪伴兩個人吃。他們問我說：「你喝酒吃了東西之後，就到隔壁房間好了。」客人命令主人說：「我們兩個人要把這些全部吃完。」我想他們可能吃不完，過了三十分鐘，全部吃完了。

山本君一到料理店吃飯，他一定訂兩份。華盛頓有一家不是那麼高級的餐廳。到那裡他訂了兩個人份午餐。他一再等，第二份一直不送來。他問為什麼？店員說你的朋友還沒有來。他說我要吃兩份。「兩個人都來了，趕緊拿出來。」店員覺得莫名其妙。「那個客人就是我自己。」

值得信任的人

那個時候，是什麼書我忘記了，看完之後覺得蠻有意思。因此我對山本君說：「你讀完了如果覺得很好，你就報告海軍省如何？」乃把一本書交給他。因為此書相當厚，讀完要寫報告，普通人，我花也得需要兩三個星期，可是他拿走了書，第三天就拿來報告書。因為太快，我問其理由，他說：「既然要報告海軍省，當然愈快愈好。我兩天晚上完全沒有睡覺把它寫完。」真是精力絕倫，幾乎不可能想像。我覺得這個人太偉大了。我說：「太辛苦了。有沒有吃飯？」他也沒有吃飯。「那太辛苦了。要吃飯。也許不大好吃，但家裡有很多，儘量吃。」這樣他在我家吃了飯。我把他的報告看了一遍，寫得非常得體，令我不得不佩服。

在華盛頓裁軍會議，我們在一起，所以我很清楚他的手腕。爾後倫敦裁軍會議（一九三零年）也以隨員參加。一九三四年岡田內閣時，裁軍之予備會議又在倫敦舉行，他以委員資格參加。他是裁軍會議的專家。此時他已經是少將。山本君要去參加予備會議時，新聞記者來問我，我告訴他：「山本少將非常清楚。他是非常好的人。在日本能夠代表海軍的，他是最好的人選。」我這樣誇獎他。除去他，沒有別人。報紙把它刊登出來了。於是海軍說他是幣原派，因此對於他的行動似乎予以牽制。海軍對於我的疑惑，好像影響了他，但他完全什麼都不知道。

我好久沒有見到山本君了。在大祭日之賢所之祭典，我偶然碰到他，我說：「我對你實在不好意思，因為太捧你，報紙把它刊登出來，據說因此給你製造許多麻煩。為了陪罪，以後我想對美國的新聞記者多說你的壞話。」他說：「這樣也不好。」而笑容告別。這是我和他的永訣。

他在予備會議的工作，在國內的風評並不好，但在英國卻好像非常受歡迎的樣子，他講話很實在，很誠懇。可以就說可以，不行就說不行。大家都說他值得信賴。

我並非真正看過，據說他是賭博的名人。他賭博，一定會贏。戰爭也是一種賭博。所以他在南海的一隅，才這樣壯烈犧牲。又海軍反對日德同盟條約，他是米內海大臣的次官的時候。而為其反對的中心人物就是山本，據說他們的在職中，堅持到底。

美國的注意人物

最近來日本之杜勒斯這個人，現在是國務院顧問，在對日媾和問題，折衝列國代表，好像非常活躍，他是共和黨的人，如果成立共和黨政府，他當然將是國務卿。

這個杜勒斯氏，戰前來過日本。他帶著美國大使的介紹信來訪問過我。那個時候我沒有就公職，因為有空，所以和他聊天好久。杜勒斯是加藤友三郎迷，加藤這個人很了不起。華盛頓會議，從各國來了各種各樣的人，沒有人比加藤得到美國人的信任。

這個加藤也去世了。這是為日本、為世界和平是非常可惜的事。他問我，日本有沒有能夠取代加藤的人物，我隨便答覆他說：「日本的海軍有許多能夠繼承加藤的人物」，於是他問說：「是誰？」我覺得糟糕了。我因為不大清楚我國海軍的事。但又不能不回答。我忽然想起來：「那是米內光政等優秀的人物」，我這樣回答。

這是有理由的。剛剛幾個星期以前，在霞關離宮有過宮之茶會。那時我和米內君排在一起。我並不認識他，那個時候他上任海軍大臣不久。他不大說話，但態度穩重，給我很好的印象。我腦袋裡記得清清楚楚。於是我說：「加藤友三郎的繼承人，米內光政最適任。」於是杜勒斯從口袋裡拿出來雜記本，問我他叫什麼名字，我用羅馬拼音寫米內光政給他。他就把這個名字帶回去。我完全沒有想到它成為重要事體。

之後，內閣更換，阿倍內閣辭職，成立了米內內閣。新內閣的首相將是誰，各報猜來猜去，沒有一家報紙猜米內光政。可是來自美國的新聞電報卻說米內光政將是下一任日本首相。完全正確。答對了。於是政府內部大吵特吵，內閣書記官被視為間諜，由之有人被整得很慘。可是他們後來知道真正的元兇是我。有人到我這裡來談，不知道是誰把它漏出去的。此時我想起杜勒斯君的事，乃說：「到美國大使館去問問好了。」

也就是說，杜勒斯君從我這裡回去以後把筆記本的名字報告美國大使。這轉往國務院。在美國，米內是大人物，要注意的人物，把這個人調查得一清二楚。因此美國的新聞記者從國務院的官員聽到，而預測日本的後繼內閣將是米內。這樣說來道去，火源就是我。

其起源是我隨便說的，但美國人對米內具有愛護之念卻也是無可否認的事實。

有力的日本陸海軍軍人，戰後大多被懷疑為戰犯，米內大將沒有戰犯的問題。他不但在戰前是海軍大臣、總理大臣，戰爭中在小磯內閣又任海軍大臣，為副總理。但沒有戰犯嫌疑說明他的傑出才能。

這是我聽人家說的，昭和二十年五月二十五日，因為轟炸皇宮起火。那一天早上，有一個老人穿著和服站在護城河旁邊很久。據說他就是米內大將。聽到這話，我還是認為米內就是這樣一個人。

鈴木貫太郎夫妻

鈴木貫太郎君在二・二六（昭和十一年）時遭難的一個人。我當天避難於鎌倉，因此不知道他遭難。鈴木君和我，他是海軍次官，我是外務次官時候認識的，發生什麼問題時，我們兩個人的意見常常一致，所以我們兩個人的關係很好。事件之後，我回去東京的家，他的受傷也差不多好了，他走路來我家。他把遭難當時的情形詳細告訴我。以下是他的回憶。

遭難當時的情形

半夜好像有什麼騷動的樣子。好像有人進來。鈴木君立刻起床，到前面去看。拿著步槍的七、八個士兵和一個指揮者來了。「你們是誰？」「對不起，我們來要閣下的生命。」「好。稍微等一下」，到裡面去了。

裡面房間有非常好的日本刀，鈴木認為，我就殺你們幾刀，誰怕誰。可是卻找不到那一把刀。後來才知道，房間有灰塵，他夫人昨晚把它收到倉庫去了。鈴木不知道這一件事。

到處找，找不到日本刀。時間久，他們可能會認為鈴木從後門逃了，這會成為他一生的恥辱，所以就空手出來。「你們看看，我是空手，要幹就幹吧！」他站著，開著兩隻手，中隊長好像是中尉，命令向鈴木君敬禮，然後命令「開槍。」子彈打到鈴木的頭，他便倒下來。

此時，最不容易的是夫人。不愧為武人的夫人，坐在稍稍後面，一直看著她先生的最後。射擊完了之後，有一個士兵來到鈴木君身邊看他的脈，說：「還有脈。要不要補一槍？」問了隊長，隊長說：「不必。」同時又對部下要其對鈴木君行最敬禮。看到鈴木夫人端然坐在那裡，便對夫人也行了最敬禮，然後說：「夫人，非常對不起。我對妳先生沒有任何仇恨。我個人很尊敬妳先生。變成這樣，是因為我力量不足所致。令夫人遭遇到此種情況，實在非常對不起。」他一再向夫人道歉，離開之前又對鈴木君及夫人行最敬禮。

留下來的夫人，字怎麼寫我不知道，學了セイキ術，把手放在出血的鈴木君的傷口。結果經過二、三十分鐘出血就減少了很多。不久醫師趕來，給他開刀等等，如此這般，鈴木君得到九死一生。

十八史略之教訓

鈴木君不但遭遇到這樣的危險，他的家被暴徒燒掉，我覺得他非常可憐，但他卻態度泰然，一點都不抱怨。他說：「這些不懂事的傢伙真是糟糕。」但他之得到九死一生也有其因果故事。

他在遭難的大約一個星期之前，那一個下命令的隊長，來他這裡訪問過。他說一些很奇怪的道理。鈴木君好讀和背誦十八史略，是這一方面的專家，不曉得念哪一部分給他聽並說：「你們雖然年輕，但這種想法是不成氣候的。」訓他一個小時左右。這個年輕人低頭聽看，然後抬頭說：「我非常明白了。為了作紀念，可以不可以寫幾個字作為我的座右銘。」鈴木說：「我不會寫毛筆字。」但還是寫了。那個人非常高興，帶著鈴木君的字回家了。這個人對鈴木君有好感，並一定非常尊敬鈴木君。所以沒有對鈴木君補一槍，鈴木君撿回一命。

寡婦與村民

鈴木君後來出任總理大臣，負責處理日本之投降諸事，非常辛苦，沒有多久就去世了。鈴木君的家在千葉縣關宿。其寡婦孤單住在那裏，記得是前年，我前往去看過她，有一件事令我非常感動。寡婦對我說，鈴木在這裡去世，我想了很多，留在這裏，或者回東京。於是村民們來說：「夫人，妳如果不回東京，留在這裏，夫人吃的東西，我們替妳提供一輩子」。因為村民的好意，「我決定在這裡過一輩子。」

鈴木君的家在這裡有若干土地。住家前面都是他們的土地。我在他家看到兩三個年輕人在田地作工。我說：「如果用兩三個人，費用也相當可觀吧。」寡婦說：「不，這是他們來作義工的。蔬菜大了，我便去把這些剪回來。他們的親切令我非常感動和感謝。」她沉靜這樣說。

如此這般，完全自動自發來長期作義工，不要說在日本，全世界都非常難得的事情。那個時候正是糧食欠缺的時代，夫人一邊談一邊流眼淚。而這完全是鈴木君的仁德感化人心所使然。

吊鐘和主持

這個關宿村有一個能夠證明這個美談的地方。戰爭中，說是為製造軍需物資，把寺院的鐘、銅像，一切金屬，從民間統統拿走。村莊有一個寺院，說是要把這個吊鐘拿走。於是村民去找和尚希望他捐出吊鐘。和尚沒有說話，然後說：「不行。我不能同意。這個寺廟是一個古老寺廟，德川時代就存在，已經存在三百多年，早晚要打的這個鐘的聲音，連結往昔和今日的連鎖。如果這個鐘被帶走，將聽不到這個聲音，若是，這個寺廟等於沒有了。這和我死了同一件事情。所以我絕對不能提供這個鐘。」

因此和尚絕對不肯提供這個吊鐘。村民覺得很無奈。我們再怎樣談判也贏不了和尚。這恐怕只有拜託鈴木大將來說服他。因此一批人便前往東京。

因為鈴木君不知道這到底是怎麼一回事，故決定回去聽聽他們的說法，星期日回去關宿，往訪和尚。「據說你不肯獻納吊鐘，村民到縣政府去表示歉意，到我這裡申訴，你到底是如何想法？」和尚反而問：「你覺得我獻納比較好嗎？」鈴木君說：「不，我沒有作這樣的判斷。因為村民來我這裏，我只是把這些事奉告就是了。」和尚暫時默然，立即站起來出去了。隔相當長時間沒有回來。「我覺得有點不安，遂到本堂去看。」和尚座在佛壇前面，把一把短刀放在身邊，好像要切腹自殺的樣子。將要拔出短刀的時候，鈴木君趕上制止，救了和尚一命。並說：「你的想法我明白了。我不是為對你說要你獻納吊鐘而來的。但我覺得為了犧牲自己生命來維護法的真情實意是神聖可貴的。好。以後不管村民怎麼說，我這個鈴木是不會同意的。」這樣安慰和尚。

然後他把村民請來說：「這一位和尚是非常珍貴的人。這樣的人日本沒有幾個。對於這樣珍貴的和尚你們幾乎要把他弄死。今後不許再有這樣的行為。我這個鈴木是絕對不同意的。」

他嚴然這樣面告。和尚非常感動。村民大聲哭起來了。這真是戲劇性的光景。

軍人的鈴木貫太郎，據說戰爭時候的他是非常勇猛的鬥將。他在五．五．三主力艦之限制時候認為沒有什麼，他相信祇要有驅逐艦，以它接近大軍艦，可以擊沉大軍艦這樣的信念。現役的時候甚至對我說過，他要把重點放在第一優先。他是誠心誠意的愛國之士，以海軍軍人擔任侍從長，獲得天皇的信任，他的確是其適任者。

荷蘭女皇大笑特笑

第一次世界大戰中，擔任荷蘭公使的我奉調回國。那是為了出任外務次官的緣故。把此事通知荷蘭政府，女皇陛下招待我晚餐。服裝說是燕尾服就行，故我穿上燕尾服出席。下午七時左右我到達，因為稍為早一點，我被請去陛下的房間。

稍稍談話之後，女皇叫來侍從官，要他把那樣東西拿來，於是侍從拿來一個匣子。我想這到底是什麼東西，一看是勳章。平常要頒發勳章都會事先由荷蘭外交部私下通知對方的，可是這一次沒有預告，由女皇突然親自說：「要把這當作你駐我國的紀念。」我恭恭敬敬地接受了。可是晚宴快要開始。沒有佩戴勳章的時間。佩戴勳章參加宴會是一種禮貌。可是這個勳章的綬是要從上衣的裏頭往下帶，另外要把副章掛在上衣的胸部。也不能在女皇房間作這些事。因為通知馬上要開始宴會便出去房間。問問侍從是否一定要佩戴這個勳章。「最好能夠佩戴。」「可是我完全沒有這樣的準備。」侍從說：「我來幫忙您好了。」沒有辦法，把上衣背身脫下來，剩下一件襯衣。可是那邊因為喊說女皇要出來，在日本是「女皇陛下」，侍從一定要這樣喊。我緊張了。侍從也緊張。女皇要過來，也不能讓她看到我只穿襯衫，這太不禮貌太不恭敬了。沒有辦法，好不容易把勳章帶上，擦乾流汗，走進餐廳。

飯中，陛下對我說：「外交官似乎都有其樂趣。譬如釣魚、撞球、打高爾夫球等等，你喜歡做什麼呢？」我說我什麼也沒有。不過我的前任叫做佐藤愛麿，現在之參議院議長之父親，這個人是釣魚的權威，他把他的發動機艇讓給我。我用那一條船，星期六到星期日，荷蘭到處有運河，也有叫做卡哈美亞這樣風光明媚的湖泊，我乘這一條船，到處觀光，「我也會一點釣魚。」對此女皇問：「你釣魚有沒有成功？」我說：「陛下，我的釣魚沒有成功，但在養魚我是成功的。」

在荷蘭釣魚，只把麵包和水餃絞放進水，魚是不會來的。我這個說法女皇感覺很有趣，而非常高興。亦即這個女皇平常是不講話的，絕少笑，可是今天的宴會卻非常熱鬧，所以後來大臣等問我說：「這真是奇蹟，今天你到底說了什麼事呢？」

荷蘭的皇室是怎麼了？都不生男孩。下一代也是女皇。男子皇帝會冒險。女皇不會冒險，據說國民太多喜歡女皇。可是這位女皇很有威嚴，大臣在她前面，都不大敢說話。譬如前往請核可法律案時，都非常害怕。

我和汪榮寶的友誼

我擔任荷蘭公使的時候，汪榮寶是駐比利時的中國公使。當時我並不認識他，比利時的日本大使館員大多前往法國。因為和德國戰爭，比利時的政府移至法國的魯・阿布爾。

可是因為大使館有文件和各種各樣東西，以其為整理保管需要保管，書記官木村銳市一個人留在布魯塞爾。但是由於日本被德國敵視，故木村君不能隨便外出，受到德國士兵的侮辱。汪榮寶看到這樣的情況，很同情木村君，故有時候請木村君到他家裡去玩，在那裡吃日本料理，一起到外面散步去。坐插著中國國旗的車子，當時因為中國還不是德國的敵人，任何人坐在中國的汽車上，德國的警備兵，都對中國旗敬禮，讓其通過。

我在荷蘭，聽到比利時大使館館員說這樣的話，我非常佩服汪公使。很想寫信謝謝他，因為日本和德國在戰爭狀態，故沒有方法寫信給先生的方法。所以請那個人，有機會的時候，請他代為表示謝意。雖然沒有見過面，但我們是這樣的熟人。

以後，他似乎轉任前往瑞士。我回國了。經過一段時間，我擔任外交部長時，他突然被任命為駐日大使，前來日本。因此我們兩個人成為非常好的朋友。

那個時候，中國人的團體來日本，民間人辦理歡迎會。也要我說話。那個時候我所說是我得意的話，大致如下：

「蘇格蘭的年輕人到隔壁村莊去玩，很晚回來。黑暗的連一顆星星都沒有。在這黑暗中好不容易來到中途。面前突然出現幾乎要達到雲那麼高的怪動物。這應該是怪物，乃遂站住。為了要看清楚這到底是什麼東西，看著它，它卻向我這邊衝過來，好像是一匹馬。以很快的速度跑過來。這個很可能從人家的廊跑出來的。如果是馬，便沒有什麼可怕的。於是我又開始走。遂逐漸靠近，以為是馬的，變成小小的，好像是一個人。這在路上過從之後，突然大聲叫『嘩！』那竟是自己的哥哥。他以為弟弟那麼晚回來，一定很害怕，所以特地來接他的。……這是蘇格蘭的鄉下一個傳說，我覺得這個故事暗示日本和中國的關係。也就是說起初我們遠遠看日本人是很大的幽靈或怪物。可是日本人和你們一樣都是人，希望互相手牽手一起邁進的人們，知道彼此是自己的兄弟。」

我這樣演講，汪大使非常高興，中國人也給我一再地鼓掌。由此我們兩個人的感情，更加親密。

他調職要回國時，到我這裡來，說：「我很想請您到中國，請來吧，到時我作東道的主人陪您到任何地方去。」他是蘇州的人，蘇州有寒山寺，有「月落烏啼」之碑。我的希望是，在那裡乘畫舫。畫舫好像有女生陪伴，我們不要女生，在月亮的晚上，我們兩個人躺在船上聊天多好。聊天一個晚上不要睡覺，對此他非常高興，說太好了。我們就這樣辦吧。另在中外我再要求一點。我因為在外務省相當長時間，在中國也有一些人認識我。因此去中國，可能會不少人說要舉行歡迎會，萬一這樣，希望你出面應付，婉拒他們的好意。另外，在中國我想見的人也不少。對於這樣的人，請你幫我介紹一下好了。但是歡迎會的酒宴我是非常痛苦的。請他們免了。他答應這樣做。

這樣告別了，可是這成為我們倆個人的永別。因為他在那一年，在北京去世了。我的訪問中國，由之成為畫餅。

汪榮寶是一個詩人，好像是古典學者，是個很了不起的人。據說日本的大學的老師等，有不懂的都會去請教他。因此學校的老師有許多識人。

這些人在一起為他舉辦一個追悼會，記得是在東京會館舉行的。美術學校校長之正木直彥君成為發起人，京都附近的人也來參加，為很盛大的追悼會。汪夫人從中國來。去義大利擔任代理大使的長子也來了。次子早稻田大學畢業，日語說的很好，他也出席了。飯菜不是頂好，為非常溫暖的聚會。

汪夫人暗流眼淚，這樣對我說：「這樣親切對待我們，任何國家都沒有。我們在比利時、瑞士都待過，汪死亡之後，沒有人理我們。反此在日本，卻由大家來為他舉辦這樣盛大的追悼儀式。我非常感謝各位的盛情隆意。歐洲人不會有這樣的舉動」，而非常高興。

隔天，長子和次子都到我私宅，談了很多。他們為這個追悼會從中國和義大利趕來，真是很不容易。如此這般，汪一家人非常懷念日本有如自己的故鄉。

國際連合與朝鮮

芝加哥的大學教授柯爾格羅巴這個人，據說是美國駐日本軍的顧問，一時曾在東京。要回去時，在宴會，我跟他見面，談了很多。在這談話中，我說了些比較特別的事。那就是從日本人看來，外國人好像沒有利用歷史的教訓。於是他問：「那是什麼意思呢？」

我說：「首先我對於你們正在搞的事情中，有兩件事我搞不懂。一個是在這一次戰爭之後，搞了國際連合。你們認為這個搞得通嗎？在上第一次世界大戰之後，成立國際聯盟。有這個國際聯盟，義大利併吞了衣索比亞。這真是豈有此理。義大利用武力併吞衣索比亞，這的確是侵略行為，國際聯盟決議，決定要予以經濟制裁。國際聯盟大會還是理事會，對於義大利宣布經濟抵制。可是沒有多久，附近的小國開始和義大利從事黑市貿易。這是因為一向靠和義大利作貿易生存者不能不繼續所致。於是看不慣因為黑市貿易在賺錢的大國，又開始和義大利交易。因此國際聯盟的決議變成空文。當時被默認衣索匹亞完全變成義大利的領土。到底人是有關自己死活的問題，會拚其生命財產去爭。對於侵略者要幹到底就是這個心理。可是對於遠方，不痛不癢的他人的事，不會為其流血流汗，投擲財產，這除有特殊的情況，在人情上是不會去幹的。可是今日國際聯盟卻有強制的規定。是不是想重複以前的國際聯盟之失敗？對這我有很大的疑問。」

「這是很奇妙的譬喻，在波羅的海沿岸，有接近蘇聯的愛斯多尼亞、拉多維亞、利斯亞尼亞這三個小國家。蘇聯併吞這三個小國家的時候有誰會出來仗義直言，說這是違反聯合國憲章，為其拼命仗義直言，那是不可能的事。今日的聯合國能夠阻止嗎？我不知道，是否有這樣的可能性。」

「另外還有一件事，你們所在作我搞不清楚的是，以北緯三十八度為界的，把朝鮮分成兩個這一件事。你們相信這是保障朝鮮之和平與幸福的方法嗎？他們無論在經濟上和政治上，都會覺得他們是非常可憐的存在。我曾經在朝鮮待過，對於朝鮮國民之前途非常關心和同情，故對於分割朝鮮機構覺得很不安。」

對於我這樣開始說，柯爾格羅巴博士很熱心地在聽，並說：「我覺得你的想法很有意思。怎樣，可以不可以來芝加哥作這個演講，我很想在日本創設國際聯合協會分會。所以你的意見雖然和我的意見相反，這反而很有意思。所以拜託你來芝加哥大學演講。」當時因為我還是政府的官員，「我不可能去作這樣的事」而婉拒。

柯爾格羅巴博士要回美國的前一天，想再和我見面而來訪問我。一見面，博士又拜託我去芝加哥一趟。他的熱情可嘉，但我只有婉拒之一途。要邀請與自己意見相反者，由大學發出邀請書，請其去演講，這才是真正的民主主義，我想。

前面我稍稍提到朝鮮的問題。實際上聯合國硬把她分成兩個，成為南北互相對立的敵國，終於變成今日的動亂的局面。這絕對不是確保人民之幸福的方法。日本絕對不會再想合併朝鮮，而朝鮮的人民在日本治下的當時，今日到底改善他們的生活多少，可以拿來比一比，實在令人痛心。我有不少朝鮮的朋友，在這裡順便提一下和我有過關係的朝鮮人的事。

東京大地震的時候，我在大阪方面。嚇一跳，很想趕緊回去東京，東海道線不通，船也不行。沒有辦法，到名古屋，然後前往長野，繞道回到東京。我準備這麼做。信越線附近，火車停在那裡，三十分四十分不動是當然的事。火車停在某一個車站，在我面前，年輕人在月台開始打架。幾個年輕人在打一個男人，罵他說：「你這個混蛋，這個傢伙在東京拿石油桶走著，點火，放火，這個笨蛋。可惡的傢伙！」我從火車下去到那個地方去問：「這個人做了什麼事呢？」他們說：「這個傢伙燒了東京。」「這有什麼證據嗎？」「沒有什麼證據，你跟他說話看看他：不大會說日本話，一定是朝鮮人。東京是這些朝鮮人放的火。」說些沒有什麼道理的話。

於是我開始說話了。

「這一種想法是不可以的。總而言之今日這個人也是我們的同胞，是日本國民。即使這個人作了壞事，你們也沒有處罰他的權利。我們有警察和法院。你們不能這樣對他使用暴力。何況並沒有他幹的什麼證據，所以你們要整我們自己的同胞，看它叫好這樣的心態，是自我虐待，自欺欺人。」對此有人抗議說：「什麼是汙衊自己？」但大體上安靜下來。「這個傢伙，今天原諒你，不可以再搞這種的事。」「再搞，絕對不會讓你干休。」大家散了之後，那個朝鮮人抓住我說：「謝謝你救我一命。我不知道該怎麼感謝您。」而大聲哭出來。

還有過這樣的事。戰後我擔任首相的時候，不知道為了什麼事，朝鮮人跑進來官邸。我和他們見面，這樣勸說他們。「我可能是世界上最同情你們的人。你們知道不知道，你們被大家看成怎麼樣，好好想想看。大家都在討厭你們。為你們流淚的恐怕只有我一個人。」我這樣大聲疾呼。我還記得這樣事情。

雜談美國

英國皇太子來遊日本

我以大使身分到達華盛頓的時候，現在的英國廢帝，當時的皇太子威爾斯殿下要訪問美國，成為很大的話題。因為剛到任不久，首先去拜訪威爾遜總統，下來是萊利．阿爾．馬夏爾副總統，以表示敬意。馬夏爾這個人，一看好像高橋是清翁的樣子。副總統是當然的參議院議長。我到參議院院長辦公室，他握我的手，這樣開始說：「你知不知道現在的美國全國的美人都來華盛頓。」他突然這樣說。我回答說：「我剛剛到達此地，所以完全不知道。」他說：「我想這是判斷美國人的心理狀態最有幫助的參考資料。」也就是說這些人，因為英國的皇太子威爾斯要來，想抓住他。為此花許多錢，借豪奢的房子，請房東出去兩三個星期，借用這個房子。也就是說，在找即使皇太子來招待也不失禮的房子。你想想這樣的心理狀態。皇太子來美國，會突然和這樣的人開始談戀愛嗎？這簡直是天方夜譚。可是這些人都是從美國鄉下出來，像自己這樣的女人，如果皇太子看到，一定會喜歡她，會向她求婚，這樣打自己的算盤。這是美國人的心理狀態，你如果想想它，大可以作你的參考。」他說的很妙，不無道理，我覺得這個說法是蠻有意思和有其道理的。

這個議長室是議會的一室，新聞記者之出入不必說，鄉下的許多人也來參觀。隨隨便便進出，也有聽我們的對話而哈哈大笑者很多。雖然很不禮貌，但馬夏爾完全不在乎，繼續說他的話。

英國皇太子不久就到達美國，正如馬夏爾所說，對皇太子不客氣地說，要不要到我家喝喝茶，請參加晚上的舞會，對此皇太子表示同意出去。玩到十二點多。但當然這不會因此而成為社會的話題。

副總統馬夏爾

在這期間，副總統為皇太子舉行歡迎晚餐會。英國的外交官不在話下，法國的大使是外交團長沒有問題。不是外交團全部被邀請，不知道是什麼原因，我被邀請了。在飯桌上，與我隔一個人，皇太子坐下了。立即許多新聞記者進來。我覺得非常不禮貌，到皇太子那裡，問說：「您會演講嗎？請給我看看其草稿。」皇太子有點不爽說：「演講完了之後，我的秘書會把抄本給你們。」「現在不能給，是嗎？」記者走了。副總統覺得很不愉快。

飯後，副總統站起來演說。說的很好，我很佩服他。大約有二、三十分鐘，相當長，其中他這樣說：「在本華盛頓市，甲這個人懷恨乙這個人。甲一直在想找機會揍乙一頓。幾天前，在華盛頓街頭看到乙，擦身而過後撿石頭打乙。可是石頭擊中另外一個人，這個第三者實在倒楣，這是今日的狀況。」此時他看我這邊，笑了一下。我立刻知道他的意思。當時凡爾賽條約成為問題，對於凡爾賽條約參議院的共和黨黨員全部反對。那是為了整威爾遜總統的緣故。換句話說，對威爾遜總統丟了石頭，沒有打到威邇遜總統，反而打到站在他等於日本的意思。我馬上知道它的意思，因為他向我這邊笑著。我覺得當時之演說是非常值得，至今令我難忘。

對於凡爾賽條約中之山東條約問題，參議院議員攻擊日本，甚至使用「強盜」兩個字。我對這覺得非常不愉快，也覺得需要安慰我，所以特別請我去，讓我聽聽他的寓話演講。

當時，令我驚訝的是，英國的皇太子，記得在前一天首次見面者的名字，並用對方的語言談話這一件事。日語是例外，對於西班牙大使就用西班牙話和對方打招呼，對法國大使即使用法語，也說義大利話。我非常驚訝，我問了英國大使，西班牙話他說的好嗎？

「不清楚，或許是。」沒有正面回答。

但我覺得他記得對方的臉，這就很難得。歐洲人的臉，那一個國家都是一樣，很難分辨。前一天晚上和那麼多人握手，都全部記得對方的臉，實在令我非常驚訝。這可能與其家世和教養有關係。

總統與國會議員

日本的某眾議院議員來華盛頓。這個人來我這裏，要求我給他介紹總統。我問他說不說英語。他說完全不會。帶他去可以，但我不能當他的口譯人員。可是他說和總統握手，回到故鄉就是最好的禮物，所以拜托我帶他去。沒有辦法，遂坐大使館的車子去。

當時的美國總統是哈丁。在車上這個國會議員問我總統是怎樣的一個人？我說他是一個很隨和的人；哈丁曾經跟我說過他和日本有特別的關係，我問他為什麼？「日本和人家見面時都會說：『奧亥奧』。我是俄亥俄州出身。」所以他這樣開玩笑說。我把這些話說給國會議員聽。

到了白宮，照樣介紹國會議員，互相握手致意。然後我和總統談笑大約半個小時，覺

得差不多了，隨與總統告別，想出去的時候，國會議員對哈丁說：「ジャパン・ライス，アメリカライス、ユー、アイ・セーム、セーム。」總統完全不知道他說什麼。國會議員說完之後，「毋哈哈」大笑一番，我覺得非常不好意思。總統覺得莫名奇妙。他好像要問我這是什麼意思，我趕緊離開。

我以為我的工作已經完成了，可是他還有其他事情。爾後和總統見面時，他問我：「前幾天，你帶來的那個人，說了一些事，然後大聲笑，這有什麼好笑的，他到底說了什麼？」不得已，我只好把國會議員的話譯成英語。在日語，美國寫成米國，米國的米（ベイ）也念コメ，和美國的意思相同。但哈丁問這有什麼好笑，他覺得這沒什麼好笑的。可這個國會議員卻非常得意，回國之後到處演講說，我這一次在美國，和美國總統這樣說整他，令其非常佩服，到處自吹自擂。對這個國會議員，我也覺得很無奈。

大使館的汽車

華盛頓之日本大使館的汽車的司機，問：「您為什麼沒有把日本製的汽車帶來？」我說：「日本製的汽車還不能拿到人家面前。」他卻說：「沒有這種事。日本不是能夠製造那麼好的軍艦？當然可以製造很好的汽車。其他國家的人，為對美國宣傳，都把自己國家最好的車子帶來美國作宣傳。你說怎麼樣？」

要回日本的時候，我到紐約去看了不少，借用司機，開著到處跑，那個司機說，最好開的還是騎特拉克。因此我買了騎特拉克帶回日本。

橫濱的海關人員問，你多少錢買了這一部車子？在那邊買的價錢是，因為我有收據把它給他們看。他們說沒有人這樣說真正話的人，把它收起來吧。「這是新買的，還是在那裡開過的車子？」因為新買的，所以我說：「還沒有開過。買了就把它帶回來。」如果我在那邊使用過，可以把它當作隨身攜帶行李的一部分可以免稅。他們看我這樣老實，給我課了最便宜的稅。因此我在海關，受到非常好的待遇。

關於汽車，還有一個故事。那是大戰之前，中國人，為天津之好大公司的社長，來訪問過我。我告訴他，中日兩國人共同經營的企業全部失敗。從來沒有成功過。那是因為兩國人，都自顧自己的利益，從來不顧雙方利益的緣故。這樣是不行的。為兩個國家，這非常不利。我們要改變這樣的心態，必須互相尊重對方的立場，非合作無間不可。我將我所知道的中日共同事業之失敗的歷史告訴他們，訓了他們一頓。

於是這個社長問我，什麼事業比較適合於共同事業？我對這個問題沒有研究，我想汽車或許可以。像中國這樣大的國家，馬路不是很好，將無限量的需要汽車。在日本，達多散等，小型便宜的汽車生產很多。汽車事業，用剛才所說的精神共同經營，我想會成功無疑。

社長默默聽著，說：「這個構想是蠻不錯的。製作適合於中國的汽車是什麼地方？」我舉一個例說：「和以達特散的工廠和賣店談談，製造技術之好壞，我無法判斷，你自己去研究調查看看。」而告別。後來他又來說，他看了達多散，那一種車子就行，他將和國內的人們商量，回中國去了。

他寫信來說，中國的人也非常共鳴，這個很不錯，準備要好好地幹，不料勃發九一八事變，一切泡湯。如果沒有日本搞這樣的事變，他們算看死去兒子的年齡。

歷任的國務卿

國務卿之布萊陽氏，對於國務院的事務和慣例的細節，是從不在乎的。有關移民問題或什麼事，珍田大使給布萊陽氏公文。其隔日，他要到國務院上班之前，順便到大使館來說，他已經寫好回信，把自己親筆簽名寫的東西放了就走。外交的公文，其前文也有一定的寫法，後文也要寫說「再次表示敬意」，因他從來不管這一套，最後寫etc。又說：「這要怎麼寫不清楚，因為我記得不清楚了。」

他回去以後，國務院的人來說：「我們要給你們的公文的副本」，問其理由，「長官沒有跟我們商量，隨便寫了回信。不但如此，在原稿簽名，把它交給大使館，如果沒有副本，我們的紀錄變成不完整。」爾後，又來問：「長官有沒有再寫什麼東西。」來大使館對兩三次。

珍田捨已桑從小孩時候就在美國讀書。因此說英語寫英文，腦筋和土生土長的洋人沒有什麼兩樣，這是我們做不到的。因而珍田桑出任駐美大使，受到非常的歡迎。那個時候珍田男爵成為子爵。可是布萊陽給他寫信都寫珍田男爵。日本通的國務院官員說：「珍田是子爵，所以寫子爵比較好」，「我知道。說上一級比較客氣，譬如把陸軍中校，稱其為上校。」布萊陽氏好像是把男爵當作高於子爵的樣子。不過在巴黎的外交界，伯爵、子爵大部分是貧窮人，所謂貧窮貴族，反而男爵有錢有勢，布萊陽知道這些，所以才這樣說。

在日本，布萊陽被看成雄辯家的代表，但雄辨的人，真正有事為其對手，則非常不容易。很會說話，說的有趣的人，都會忘記事情。所以不是這一種雄辨家當國務卿，突然作官出任國務卿，完全不知道事務。因此問他具體的事深一點的事情，他便不能回答。所以會以狡辯混過去。這是對我們最頭痛的事。

和朗辛格氏，我也有相當的交流。朗辛格在寫凡爾賽條約之內容時的書，寫了對珍田桑不大好的事。我看它以後，非常憤慨，一個晚上執筆寫了抗議朗辛格的私信。首先我舉出事實，並說：「我非常感動。在美國最好的政治家，同時又是最上等的學者，而且最通達東方事實沒有那麼通。」

隔天我去了一個茶會，朗辛格夫人在那裡。因為是我撰寫抗議文之後，我覺得場合不大好。可是朗辛格夫人卻說：「您寫的那一封信，朗辛格非常高興。」我說：「那兒的話……」以應付她。

爾後，我和新聞記者聊天時，說：「我給朗辛格氏寫了奇怪的信，我想他一定很不高興。」問我寫了什麼，我把信的草稿給他看，他說：「這蠻有意思。我知道了。」的確朗辛格是最能幹的政治家和學者，我肯定他，「但還是寫了這樣大的錯誤」，記者看的出來。並說這蠻有意思，大有文學上的價值，並且要我把信件的副本給他。我說：「不可以在報上發表。」他說：「不會寫，但是這蠻有意思」，他帶走了副本。這當然沒有在報紙刊登過。

拉夫卡迪奧‧哈恩

我在美國任中，感覺印象最深的一個是，有許多美國人特別喜歡日本。一般人都稱其為親日論者，但這些人幾乎都沒有去過日本，他們並沒有接觸過日本之風土或人情，為什麼那麼喜歡日本，我因為感覺有趣，為什麼那麼喜歡，乃作了一些研究。於是我發現了這些事實。

有趣的是，他們幾乎全部都看過小泉八雲（拉夫卡迪奧‧哈恩）有關日本的著作。全部都是小泉八雲著作的愛好者。尤其是小泉八雲的名著《心腸》給予美國人非常深遠的感動。我也看過，深感文學的力量，愈看愈被其吸引住，會愈來愈喜歡日本，這是他們一致的意見。

前面在華盛頓會議的地方所說親日老婦人，也是小泉八雲著作的熱心愛好者。這個婦人，我記得是幹過參議院議員的夫人，先生去世之後，很能幹，舉行聚會都會來幾百人。她的家有如城堡的一廓，非常有錢。故很方便和各種政治家接觸，我也常常接受過她們的招待。

這個老婦人在華盛頓會議的時候，到我這裡來說，國務院的年輕人想和英國一起打日本，她說她看不慣，遂到瑞士去旅遊，這我在前面說過，但經過大約兩個星期就回來，又到我這裡來。她說：「美國和英國要整日本，這是我的判斷錯誤。因為知道此事非常高興，便趕緊回來告訴你。我要每天去旁聽會議，非常高興看到日本愈來愈有分量。」

不久，我因為生病，決定回去日本。上船之後，威都莫阿夫人趕來了。我們坐在甲板上椅子聊天。夫人說：「我是由衷同情日本，但有一件事搞不懂。小泉八雲那麼為日本盡力。八雲所寫的那麼出名而有力，創造了愛好未知日本之美國人群。可是八雲去世之後，日本人都把他忘了。我搞不懂這樣的心理。那個時候在日本的美國人，和伊藤、山縣桑等有力政治人物交往得到或購買日本的骨董等美術品，把這些帶回美國，掙了許多錢。可是八雲完全沒有和這些元老交往，一生過了貧窮的日子。八雲的長子，是否畢業了不清楚，為美術學校的學生。父親去世以後，只靠版稅收入不能生活，因此我從美國寄了一些錢給他。可是我的年齡日大，不知道什麼事候會死，我想給他一筆錢。所以這一次要去日本。我和八雲，完全沒有什麼關係。可是日本人為什麼都不管八雲的事。我實在百思不得其解。」

我好像被她教訓的樣子。不得已，我說：「在日本看過八雲著作的人可能不多，因為是用英文寫的。」於是我也在想，能不能為八雲作一些我能夠做的事。我抱著這樣的希望回到日本。

回國之後，我自己出了一點錢做些運動，作了小泉八雲紀念館。紀念館不是宏大的建築物，我相信八雲也不希望大家太浪費，用一些錢買下他住的房子，做了簡單的紀念館。同時也做了保存它的紀念會。威都莫阿夫人聽到這個消息也很高興，說：「這樣將使我對日本人更會懷念。」而由衷高興。

關於威都莫阿夫人，還有這樣的事。那是在我家的事，我不在的時候，因為在駿河台新建小小的房子。所以回東京我可以住新蓋的房子。聽我這樣說的夫人表示：「我要對你提醒一件事。在這房子門口，牛豚雞都可以，灑其血。它能夠趕走你一生的不幸，一定要這樣去做。」說了這樣奇妙的話。當然這是一種迷信，不必花什麼錢，要搬進去這個房子時，殺了一隻雞，按照夫人之建議，把牠的血排在門口。當然鷄肉吃了。是不是吃了那雞肉不好，這個房子在東京大地震時燒掉了。

經過幾十年，比日本人更愛日本的威都莫阿夫人，現在可能已經不在人間了。

美國士兵與理髮師

這是可以寫成小說的故事。戰後不久，進駐日本的美國士兵，和街上的人們有過各種各樣的人情美談。這也是其中的一個，跟我也有點關係。我來談談它。

那個時候一般的人，以為可能受到種種侵犯，而怕的不得了。鄰居大家說好，如果發生這樣的事情，要採取自衛的行為。

那個時候，我有一個特別要好的船越景一君。這個理髮師的第一代，在本鄉大學前的喜多床屋。父子三代幫我理頭髮。這個理髮師的住宅本來在駒込，因為戰災燒掉，搬去的地方也被燒掉，第三次搬到東京近郊之朝霞高爾夫場附近。戰後這個高爾夫場成為美軍的軍營，美國的士兵進來了。附近的老百姓非常害怕，鄰居者便說好，萬一美國兵到家裡來，馬上叩鐘。此時附近居民便拿棒子、鍬等，來打這個美國兵，所以每一個家庭都有鐘。

這個理髮師，在經營日本俱樂部的理髮室。有一天晚上很晚回家，有人在他家前面大聲喊叫，仔細一聽它是英語。很想叩鐘，但又想回來，叩鐘可能很難收拾。要確認一下，趕緊令太太和女兒從後面出去避難附近別人家，自己手上拿著日英辭典，開了入口的門。

由於他中學畢業，懂得一點英語。於是用英語問說有什麼事嗎？這個士兵說他想回去兵營，可是不知道路，「告訴我往哪一個方向走？」夜色非常黑暗，又在下雨，路又不好。可是理髮師的英語又說不通，不可能告訴他怎麼走。不會說向右轉、向左邊去等等，他不會說。於是告訴他，「路黑暗，又不好走，危險，所以你不能去。」於是他說：「能不能讓我住你家？」在交談中知道彼此之心情，理髮師同意美國兵住他家。

這個美國兵好像有喝酒，認為大概沒有什麼問題，把沒有被燒去之最好夜具，理髮師親自搬出來替他準備好。美國兵一躺下去，便開始打鼾大睡特睡。於是把避難附近的妻子小孩叫回來，美國兵一睡睡到天亮。早上起床，好像在想什麼。問他：「有什麼事嗎？」美國兵自言自語說：「我為什麼在這裏？」覺得很奇怪。「昨天晚上我令你住這裡的，沒有什麼關係。早上肚子餓了吧！我們家正在準備早餐。不是為你特別作的，我不知道你能不能吃，你也能夠知道日本人在吃什麼東西。」於是給他飯和味噌湯。可能因為肚子非常餓，對味噌湯說好吃好吃，喝了好幾碗。

早餐之後，他說：「非常感謝，我要回去了」，並從口袋裡拿出一些錢要給理髮師。理髮師生氣說：「不要。我也不是在開旅館。昨晚下雨中，彎來彎去，萬一掉進水溝很危險，所以讓你住這裡。看你睡得很好，我也很開心。這樣夠了。我們也不是旅館，所以絕對不能收這個錢。」美國兵覺得莫名其妙。在他們的腦袋中，日本人要謝絕別人隨意給的錢，他們無法理解。他把錢收回去並說：「我改天再來道謝」，很高興地回去了。

隔天早上，他來說：「今天我來道謝。」這個美國兵又來了。剛好是早飯後，小孩都在家。「我可以不可以給小孩們這些？」他帶來了餅乾。餅乾沒用關係，他接受了。當時的日本是餅乾都很難得到的時代，因為是美國製的道地巧克力，所以小朋友都好愛吃。他們和美國兵熟了，便坐在他的膝蓋上。美國兵逗逗小孩，和小孩一起玩。理髮師的太太也儘量款待他。因此美國兵和家裡人都非常好。

過了幾天，這個美國兵帶來一大堆衣服說：「我想拜託夫人幫我洗洗這些衣服。因為不知道應該拜託誰，所以我想拜託夫人幫我洗。」附近的人都說：「那個美國兵，人很好，給他洗好了。我們也願意幫忙。」大家一起把他的衣服洗了。美國兵非常高興，道謝之後問說：「你在做什麼工作？」「我是理髮師。是東京著名的理髮師。」他很神氣地這樣回答說。他是理髮工會的會長。於是美國兵問說：「所謂著名是什麼？來給你理髮的有哪些偉大的人物？」「都是偉大的人物。」譬如說，他舉出我的名字。那個時候我是總理大臣，所以美國士兵好像知道我的名字的樣子。據說很佩服的聽著。下一次來的時候，不知道他是從什麼地方買的，拿來一面日本國旗說希望他拿給我簽名，「這是我回國的紀念。」東京出身的理髮師桑說：「好的。幣原桑下一次來日本俱樂部的時候，我來拜托一出。」他答應了。

爾後，這個美國兵，不只自己的衣服，連朋友的衣服都拿來。於是附近的太太們大家便來替他們洗衣服。純真的美日親善，在這個小街展開了。

有一天我去日本俱樂部理髮，理髮師桑拿出那一面日本國旗，說明這樣那樣的理由，請我在那一面日本國旗簽名。我說：「不可以。在國旗上寫字等於污染國旗，這不可以。」他說：「在白色部分寫沒有關係吧。」「白色部分也是國旗呀，全部是國旗，在這上面塗墨是不行的。但你做了好事，外交官多年在一個地方，也不可能有這樣的親善表現，你所做的事，令我非常感動。對於這樣的美談，我也希望給予鼓勵，讓我來做好了。」我不管理髮師怎麼想，我把國旗還他。

幾天之後，我有事到大阪，回程在京都下車，買了幾支扇子。東京因為戰爭，幾乎沒有人賣扇子。京都的扇子是不是最好我不清楚，因為有不錯的，故我買了幾支。在其上面，我寫了我喜歡而背的沙士比亞之《維尼斯之商人》第四幕，在人肉裁判場面，玻舍說給夏伊洛克聽的一節，「所謂慈悲，不是能夠強制的東西。這有如細細的雨水從天上一滴一滴下，以潤化大地一樣。這是慈悲的本質。所謂慈悲，是雙層地給予人家恩惠的。也就是說給予的和得到的，雙方都得到天的惠賜。」這樣的韻文，因為我記得原文，我把原文寫在兩支扇子上，一支給美國兵，一支送給理髮師。理髮師高高興興地把它帶回家去了。

美國兵也非常高興，拿回去兵營以後向大家吹牛。這個話好像擴散了，好多外國人前往日本俱樂部說：「這個俱樂部的理髮師擁有幣原簽名的扇子，能不能給我看看。」「因為很重要的東西，看看可以。」許多人因好奇而過來，非常熱鬧，有些拍照，據說它刊登在美國報紙和雜誌。因此理髮店的老闆，名符其實地成為東京的名理髮師。

過了幾個星期，美國的婦女記者到我這裡來。聊天之後，我把這一番話告訴她，這個婦女記者非常感動，說：「我來日本沒有聽過這樣好的話。我明白了日本人的心情了。我們出發美國之前，老實說，聽說日本人都很壞。菲律賓之巴丹，上海，有許多壞事的報導，都聽說日本人很殘忍。可是到日本所看到的，不但沒有殺人，現在聽到的，日本人跟我們一樣，很有人情味。」知道日本人也很親切，回美國去了。這個婦女記者是相當著名的人。

我把這告訴了理髮師，他說：「非常感謝您。若是，政府會不會表揚我？」「可能會有。」我這樣開玩笑說。爾後見到理髮師問他：「有沒有表揚的消息？」他說：「還沒有。」我覺得這個人是蠻可愛的。

解說

筒井清忠

本書是以「幣原外交」出名的外交官幣原喜重郎的回憶錄。

雖然是口述筆記，因為幣原的自傳只有這一本，自己談自己的事，也只有這一本。又關於幣原的真正傳記《幣原喜重郎傳》（幣原平和財團編、刊，一九五五年）和本書，是今日研究幣原的基本文獻。

相當於本書之第一部的部分，於一九五〇年讀賣新聞早報所連載。加上第二部的部分，於一九五一年由讀賣新聞社刊登的就是本書原本。

為著不知道幣原是誰的讀者，首先我來簡單介紹幣原的生涯。

幣原喜重郎於一八七二年（明治五年）八月十一日，出生於大阪府門真。豪農之父親幣原新治郎之次子。哥哥長子坦（一八七〇年出生）東京大學畢業後，曾任東京高等師範學校教授、廣島高等師範學校校長、文部省圖書局長以及台北帝國大學首任總長

（一九二八年）。是專攻國史學的文學博士。

高等中學時代，父親去和擔任老師以及校長商量進路時，哥哥是斯文故念文科，弟弟活潑，故適合念法科。

一八八三年，進與東京之大學預備門齊名的大阪中學。在學中學校成為第三高等中學，由大阪搬到京都。同班同學有後來出任首相的濱口雄幸，兩個人經常爭第一、二名。進東大法科，在學中有三國干涉，於是「毅然決然」志願作外交官。但畢業那一年（一八九五年）因為腳氣病嚴重，未能考外交官考試。改進農商務省（鑛山局）。隔年考上第四屆外交官領事官考試（同期四人），照其志願進外務省。

爾後，在仁川領事館、倫敦總領事館、安多瓦布領事館、釜山領事館等，在外國工作。在仁川工作時的總領事是石井菊次郎，倫敦時候的公使是加藤高明。

一九〇三年一月，因為石井之作媒，和三菱之岩崎彌太郎之千金雅子結婚。雅子是加藤高明妻子春路的妹妹，兩個人成為連襟。雅子在英國五年，英語流利，最適合於作西洋的社交，外交官夫人。

從一九〇四年至一二年，在外務省工作。歷任大臣官房電信課長兼調查課長、兼調查局長，一路升官。當時，因為外務省的發信電報幾乎是英文，對英文特別熟悉，能夠領悟大臣以下官員之意向者的人物才行，電信課長一定需要這樣的人物，幣原幹這個工作幹了八年。

從這個時候，他一直帶著威部斯達辭典，公文和私信都一字一句予以確認。又在這個期間，和外務省顧問的美國人得尼遜學習，從英文的基礎以至外交交涉之順序，向他學習有關外交的一切的一切。

從一九一二年駐美大使館參事，駐英國大使館參事，一四年出任荷蘭公使。在駐美大使館參事時代，有排斥在美日本人之移民運動，他忙著處理此事。在這期間，在美國，向英國駐美大使布萊斯學習對美外交之要諦；在英國，向格雷外交部長學習外交之為何物、向格雷學習英國紳士外交是什麼。因為得尼遜、布萊斯、格雷三個人，幣原學習到作為外交官的精髓。如此這般，和被譽為「國寶級」的英語能力，鞏固了「親英美派」的外交官的地位，奠定幣原外交的方向。

一九一五年回國。在大隈、寺內、原三代內閣四年裡，擔任五個人的外交部長（石井菊次郎、寺內正毅（兼任）、本野一郎、後藤新平、內田康哉）之次官。

一九一九年，出任駐美大使。在美國，盡力解決美國再度發生的排日移民問題。大使時代召開了華盛頓會議（一九二一至二二年），以全權代表和加藤友三郎等締結裁軍條約。此時他患腎結石病患工作。二三年四月回國。以後大約兩年專心養病。

一九二四年，就任加藤高明內閣之外交部長。以後除田中內閣以外，出任若槻、濱口、第二次若槻內閣之外交部長。前後長達五年多，展開了「幣原外交」。
歷經第二次奉直戰爭、日蘇基本條約、北京關稅條約會議、郭松齡事件、南京事件、漢口事件、奉蘇戰爭等等，完成倫敦海軍裁軍會議，可以說是展開「幣原外交」的一個高峰。
可是從這個時候，非難幣原外交為「軟弱外交」的聲音愈來愈大，一九三零年二月，在東京車站濱口首相被槍擊，幣原出任臨時代理首相，在眾議院擁護條約的答覆，被抨擊「干預統帥權」之「失言」，受到在野黨的大肆攻擊。
三一年九月十八日發生的九一八事變，使「幣原外交」成為過去的東西。
二六年，除勅選的貴族院議員身分以外，以後基本上離開了政壇，二・二六事件時，警察局分局長之勸告避難，拒絕參加大政翼贊會系之翼贊政治會，受到憲兵的威脅。
四一年進駐越南南部時，受到近衛首相之商量，他說：「這樣將成為很大的戰爭。」希望中止，但沒有被採納。又在美日交涉之最緊要階段時，幣原起案日本之撤兵越南南部，以避免戰爭之讓步案（乙案）（《東鄉茂德外相回憶錄》、《時代之一面東鄉重德外交手記》，原書房，二〇〇五年，二二二頁。），這些（包括三六年日蘇魚業協定之協力）好像是例外的事情。在丸善購買新出版的洋書，過著一天到晚看書的日子。這樣過了十幾年。

敗戰那一年的一九四五年十月九日就任首相，雖然只有大約半年的短期內閣，但天皇之人間宣言、起草新憲法草案、修改眾議院議員選舉法給予婦女投票權等等，貢獻許多。

爾後，出任進步黨總裁，第一次吉田內閣之國務大臣兼復員廳總裁，從四七年擔任眾議院議長，四九年就任眾議院議長，五一年三月十日，眾議院議長任中，因心肌梗塞而去世，七十九歲。（以上基本上根據前引《幣原喜重郎傳》）。

以現在之觀點來看本書會令人痛感的是，當事者都認識太平洋戰爭失敗的原因。死過幾百萬人的慘淡的敗戰，當事者對於事態有削著身骨的認識才對。

若是，幣原是怎麼說的呢？

幣原說日本之敗戰當然是太平洋戰爭的結果，這是中日戰爭發展的結果，而中日戰爭是九一八事變發展的結果。

「若是，演變成這樣大戰禍的九一八事變是如何發生的呢？其原因在哪裡，現在追蹤它來思考，是對軍人之整理解職，減少其薪水對這些的不滿，我想這是直接的原因。」

廢止陸軍兩個師團，幾千軍官被革職，將官也許多人辭職，軍官只上校就沒有升級的機會。「軍人的威勢一下子掉下來。」在電車上被冷眼相看，沒有人願意嫁給軍官。慨嘆它的「血氣的青年軍官」計劃起來政變，結果「便想在最近的滿洲來發洩其不滿。於是發生柳條湖事件，九一八事變的發生。」「軍內部的所謂下剋上，陸軍大臣、海軍大臣，幾乎控制不了團結的青年軍官。」

幣原不把九一八事變之原因求諸於一般人所想之「中日關係」，而求諸於軍人對社會地位之問題。

其次，「在一方面，那個時候的中國的態度，對日本採取露骨的侮辱政策。這實有如在火上加油的作法。」這說明小幡酉吉小使之同意問題、中村大尉事件、萬寶山事件等等，成為中日關係之惡化問題。

被攻擊「親英美派」的人，應該具有痛切的理解才對，但這個觀點，好像在被忘記的樣子。

其次，我們來談一談「幣原外交」。

所謂「幣原外交」並沒有那麼清楚的內容。如果說它是對英美協調外交，常常和「田中外交」，也是對英美協調外交，田中義一「首相兼外長」之外交並非對英美的強硬外交。

又，所謂對中國不干涉政策，即使和英美對立，日本在中國還是要追求經濟利益（北京關稅特別會議），在郭松齡事件，同意日本軍之出兵中國。從歷史之經緯來的「在中國之日本的特別地位」這個基本認識，幣原之外交基礎和「國際協調主義」之理想主義耿耿一片是無從否定的。

如所周知，第二次奉直戰爭之不干涉政策之插曲，乃其典型。這個一九一四年十月之中國內戰，是奉天派之張作霖和直隸派之吳佩孚等之間的戰爭，在吳軍優勢聲中，在日本加藤高明首相以及有力閣員之高橋是清農商務相，為擁護日本之利益主張出兵支持張作霖。但幣原以外相貫徹其不干涉主義。

十月二十三日吳軍中之馮玉祥突然起來叛變，吳軍由之敗退。因不干涉而沒有事而高興的高橋要求與幣原握手。

但是，這在實際上，是日本陸軍現地軍之謀略工作之成功所造成。宇垣一成陸軍大臣說：「不知道張之戰勝，馮之叛變的理由在哪裡，而在那裡得意洋洋的他們的態度，實在可憐又可笑。」，「不必供應武器，成全國際信義，有如神的想法，在那裡感謝，既可憐又可悲。」（《宇垣一成日記1》，密斯茲書房，一九六八年，四九五頁）。

幣原在電信課長時代，有人來賣美國的密碼，因為好像是真的，告訴美國國務院：「你們的密碼被偷走。」國務院很高興立即更換，說沒有給他們這樣提醒的國家，而「非常感謝」。從格雷學的「潔癖」的「紳士」和「高潔的人」，以德貫徹外交的信念，一貫其一生。

同樣為外交官「不太關心內政，又在性格上太拘泥於形式、論理的森島守人（《陰謀・暗殺・軍刀》岩波新書，一九五〇年，七一頁）被批判為理想主義外交。

那是「太不關心內政」，被誣為「軟弱外交」，因而受到激烈的批判。被稱為華盛頓體制，乃是以維持中國之現狀為目標，對中國之激烈的對日態度，幣原之「溫純的因應」，把日本國民之民族主義蓄積成岩漿，而爆發的就是九一八事變當時之日本的社會意識。

又在「大正民主主義」以後的日本，最容易得到支持的主張是平等主義，那是國際上「無產者日本、亞洲」對「有產者英美等」的對立，在國內是「平等主義的革新派」對「維持現狀的元老、重臣、財閥等特權階級」的對立，容易產生對前者之支持和排擠後者的社會意識。

在兩者交叉之地方所產生的亞洲主義的革新思想，把「親英美派」視同「特權階級」，在日本，對特權階級的反彈，自然成為在日本對特權階級成為對「親英美派」的反感。

如此這般，在批判「為維護特權階級之外交」之前，「幣原外交」便逐漸後退。如此這般微看歷史，驅使謀略的「陸軍外交」和「革新外交」有一個時期好像得到勝利的樣子，但是宏觀地來看，「太恭喜」幣原理想主義外交得到了勝利。

擔任華盛頓會議之全權代表和倫敦條約之外相的幣原之國際協調主義經過了十年以上，拯救了日本的全面毀滅。倫敦條約之對手的史迪莫遜國務卿腦袋中，「幣原」的名字，銘記在心。

一九四五年五月，格魯美國國務卿代理，在美國政府內，為減少人命之犧牲又能夠保持日本之面子，早日結束戰爭，（非無條件投降），用盡苦心，但主張無條件投降派極力反對。格魯為早日重建美日之友好，確信對日本不能給予毀滅性的打擊。

在這樣情況中，五月二十九日，格魯在美國國防部面對陸海將領，嘗試說服。格魯講完話之後，史迪莫遜陸軍部長首先發言，決定議論之大勢。

史迪莫遜陸軍部長說：「濱口、若槻、幣原（倫敦條約當時之首相、首席全權代表、外相）他們在西方社會也受到尊敬的人物。不應該把能夠出生這樣人物的日本社會予以破壞，應該給予穩當的條件早日投降。」軍人們逐漸表示同意。（五百旗頭真《日本之近代6：戰爭・占領・媾和》，中央公論社，二〇〇一年，九五～九六頁）

爾後，經過各種曲折（包括迴避對京都投原子彈，以及維持天皇制之努力），由於史迪莫遜的努力，終於開拓了這一條路。

幣原之協調主義的精神，我們應該牢牢記住，經過很長的時間保存下來。戰爭之慘禍仍然存在的今天，仍然使日本外交痛苦的過去，幣原之理想主義的外交，才是使世界深深認識近代日本所留下來之最高的「外交成果」。

最後，我來介紹令人難忘的插曲，作為這個〈解說〉的結束。

戰後，幣原和麥克阿瑟很熟的時候，麥克阿瑟說：「你的英語身為日本人算是很好。」把手放在幣原肩旁，在房間內走動。

幣原說他在倫敦服務時，跟英語個人教授，減少睡覺時間，被命令背了沙士比亞。於是麥克阿瑟問說：「你最喜歡沙士比亞的什麼？」

幣原回答說：「維尼斯的商人。」並開始背誦：「The quality of mercy is not straind……所謂慈悲，在性質上絕非能夠強制的東西。這有如由天往地上下的隱和的雨。它具有雙重的祝福。即給予和受予，雙方面的祝福。係由偉大者的手給予最偉大的東西……。」

麥克阿瑟的手自然而然地握著幣原的手，背誦完了之後，又握幣原的手，「真是了不起。美麗的維尼斯之法庭的情景。」他這樣稱讚幣原。（村山有《終戰的時候回想的人們》，時事通訊社，一九六八年，四八～五六頁）

老首相給比他年輕的占領軍最高司令官，透過沙士比亞告訴他「慈悲」之何物。這對麥克阿瑟的占領政策有沒有影響，實無法證實。但我不相信沒有影響。

在權謀術數橫行的國際政治的鬥爭裡，此種文化之力量仍然存在，乃是幣原之真面目和本領。這暗示著二十一世紀日本之外交應該往何處去。

（つつい・きよただ帝京大學文學部教授）

（完成校對時，我特別聲明我使用了服部龍二之《幣原喜重郎與二十世紀之日本—外交與民主主義》（有斐閣，二〇〇六年））

國家圖書館出版品預行編目資料

近代中日關係研究 第二輯：日本外交五十年 / 幣原喜重郎 編 / 陳鵬仁 譯. -- 初版. -- 臺北市：蘭臺出版社, 2022.11
冊；　公分-- (近近代中日關係研究第二輯；2)
ISBN 978-626-95091-9-5(全套：精裝)

1.CST: 中日關係 2.CST: 外交史

643.1　　　　111011488

近代中日關係研究第二輯 2

日本外交五十年

編　　者：幣原喜重郎
譯　　者：陳鵬仁
主　　編：張加君
編　　輯：沈彥伶
美　　編：淩玉琳、陳勁宏、塗宇樵
校　　對：楊容容、古佳雯
封面設計：陳勁宏
出　　版：蘭臺出版社
地　　址：臺北市中正區重慶南路1段121號8樓之14
電　　話：(02) 2331-1675 或 (02) 2331-1691
傳　　真：(02) 2382-6225
E - MAIL ：books5w@gmail.com或books5w@yahoo.com.tw
網路書店：http://5w.com.tw/
https://www.pcstore.com.tw/yesbooks/
https://shopee.tw/books5w
博客來網路書店、博客思網路書店
三民書局、金石堂書店
經　　銷：聯合發行股份有限公司
電　　話：(02) 2917-8022　傳真：(02) 2915-7212
劃撥戶名：蘭臺出版社　帳號：18995335
香港代理：香港聯合零售有限公司
電　　話：(852) 2150-2100　傳真：(852) 2356-0735
出版日期：2022年11月 初版
定　　價：新臺幣12000元整（精裝，套書不零售）
ISBN：978-626-95091-9-5

《臺灣史研究名家論集》

這套叢書是二十九位兩岸台灣史的權威歷史名家的著述精華，精采可期，將是臺灣史研究的一座豐功碑及里程碑，可以藏諸名山，垂範後世，開啓門徑，臺灣史的未來新方向即孕育在這套叢書中。展視書稿，披卷流連，略綴數語以說明叢刊的成書經過，及對臺灣史的一些想法，期待與焦慮。

一編　ISBN：978-986-5633-47-9

9 789865 633479　28000

臺灣史研究名家論集（套書）　定價：28000

王志宇、汪毅夫、卓克華、周宗賢、林仁川、林國平、韋煙灶、徐亞湘、陳支平、陳哲三、陳進傳、鄭喜夫、鄧孔昭、戴文鋒

二編　ISBN：978-986-5633-70-7

9 789865 633707　30000

臺灣史名家研究論集二編　（精裝）NT$：30000

尹章義、李乾朗、吳學明、周翔鶴、林文龍、邱榮裕、徐曉望、康　豹、陳小沖、陳孔立、黃卓權、黃美英、楊彥杰、蔡相輝、王見川

三編　ISBN:978-986-0643-04-6

尹章義、林滿紅、林翠鳳、武之璋、孟祥瀚、洪健榮、張崑振、張勝彥、戚嘉林、許世融、連心豪、葉乃齊、趙祐志、賴志彰、闞正宗

9 789860 643046　28000

臺灣史研究名家論集三編（平裝）：28000元